介護記録の書き方・読み方・活かし方

記録をケアの質につなげるために

編集 NPO法人 Uビジョン研究所
著者 本間郁子＋高橋好美＋飯村史恵

中央法規

はじめに

　「利用者本位のサービス」を基本方針に掲げた介護保険制度がスタートして約10年が経過しました。制度の方向性については、定期的、継続的に見直しを行うことによって、利用者のニーズに対応する制度として市民に広く理解されるようになってきました。

　介護保険制度が始まって最初の5年間は、「サービスの量の確保」に重点をおいた施策が行われました。その後、「サービスの質の確保」へと施策が転換され、利用者に適切なサービスが提供されているか、利用者の権利がきちんと守られているかを評価するシステムが構築され、不正が行われていたり、法律が守られていない場合は厳しく処分するという見直しが次々と行われました。これらは、介護サービス事業者の運営が税金と40歳以上の人が支払う介護保険料、利用者のサービス利用料で構成される介護報酬によって賄われていることから、「社会的責任を果たしていくための見直し」として評価されています。

　2008（平成20）年5月には、「介護保険法及び老人福祉法の一部を改正する法律」が成立し、不正行為への組織的な関与が疑われる場合は、国、都道府県、市町村が事業者の本部に立ち入り検査を行えること、監査中の処分逃れ対策として、事業の廃止・休止届については1か月前に届けること、「連座制」については、「組織的な関与の有無」によって各自治体が指定・更新の可否を判断することとなりました。

　介護保険制度では、適切なサービスを提供しているか、介護報酬は適正に請求しているか、運営基準を満たしているかなどについては、介護職をはじめ、介護現場の職員が書く記録や帳票などによって確認されます。一口に「記録」といっても、「介護記録」「看護記録」「生活相談員記録」など、職種別に利用者の状態を把握するための記録や「栄養マネジメント」「個別機能訓練」「看取り介護」など介護報酬の加算にも関係する記録、さらに、利用者・家族の同意書、各種委員会や会議などの議事録、報告書など、実に多くの種類があります。今後、記録の重要性の高まりとともに、ますますその種類や数が増える傾向にあり、介護職等の記録にかかる労力と時間が増大していくことが想像できます。

　介護職が仕事を遂行していくうえで、記録が重要であることはいうまでもあり

ませんが、残念ながら、これまで記録の意義や目的、専門職としての記録の書き方、読み方、活用の仕方について学ぶ機会はほとんどありませんでした。実際に、Uビジョン研究所が介護老人福祉施設（特別養護老人ホーム）に勤務する介護職計166人に実施した調査によると、記録について「得意」と回答した人は、15人（約9％）だったのに対し、「苦手」と回答した人は、77人（約46％）を占めました（図）。

また、社団法人雇用問題研究会が2005（平成17）年にまとめた『「介護における男性介護職の諸問題に関する実態調査」報告書』によると、デイサービス職員、ホームヘルパー、特別養護老人ホームの介護職員（男女合計）のいずれにおいても、苦手な仕事の第1位に「記録や報告書の作成」があげられています。

ただ、このような苦手な仕事も、基礎を学び、情報の収集、蓄積、出力などの情報提供のプロセスと活用法を習得するためのトレーニングを行うことにより、必ず適切な記録が書けるようになります。実際に書いた記録を支援に活かすことにより、ケアの質そのものを高めることにつながっていきます。また、問題や課題が生じたときには、記録によって要因を分析したり検証したりすることが可能になり、以降の予測や予防に役立ちます。

このように、介護職をはじめ、福祉関係職員が専門職として、より一層社会的な評価と信頼を得ていくためにも記録について正しく理解し、記録を書く力・読む力・活用する力を身につける必要があります。

本書は、記録の意義や目的をきちんと理解したうえで、適切な記録を書く力、

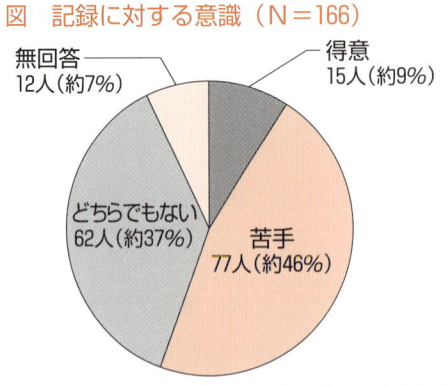

図　記録に対する意識（N＝166）

無回答　12人（約7％）
得意　15人（約9％）
どちらでもない　62人（約37％）
苦手　77人（約46％）

出典：NPO法人　Uビジョン研究所「特別養護老人ホームにおけるケアプランと記録作成・活用実態調査研究報告書」2009年

ほかの専門職が書いた記録から必要な情報を読み取る力を身につけ、そして、記録を利用者の生活の質の向上や職員の能力の向上、教育などに活かす力を身につけることができるように構成しました。

　本書は、NPO法人　Uビジョン研究所が毎年開催している「記録セミナー」に参加していた中央法規出版㈱企画部の須貝牧子さんが、介護の専門性や信頼を高めるために必要な内容だとして刊行の機会をつくってくださいました。須貝さんの強い支えがなければこのような本はできなかったと思います。心より感謝申し上げます。

　本書が、高齢者のケアに携わる多くの人の役に立つことを心より願っております。

2009年5月

NPO法人　Uビジョン研究所
理事長　本間郁子

目次

◉はじめに

第Ⅰ部 記録の大切さ

第1章◉記録の社会的役割 …… 8
1. サービスの「量」の確保から「質」の確保の時代に ……… 8
2. 法律に基づく運営（コンプライアンス）…………………… 9
3. 利用者の権利を守るための記録…………………………… 11
4. 介護職の専門性を社会に発信する………………………… 12

第2章◉介護サービス事業者における記録の効果………… 15
1. 実践の証明としての記録…………………………………… 16
2. サービスの質の維持・向上のための記録………………… 17
3. 支援の結果を社会に発信するための記録………………… 18
4. 利用者・家族との信頼関係の構築のための記録………… 19

第3章◉生活の支援と介護記録…………………………………… 22
1. 「個別ケア」に必要な記録 ………………………………… 22
2. 「チームアプローチ」と情報の共有 ……………………… 24
3. 支援のプロセスと介護記録………………………………… 30

第Ⅱ部 記録を書く・読む

第4章◉書き方の基本……………………………………………… 36
1. 記録の目的と読み手………………………………………… 37
2. 共通言語と略語の使い方…………………………………… 37
3. 書き方の基本………………………………………………… 39

第5章◉生活場面でみる書き方のポイント…………………… 47
1. 入居時の記録………………………………………………… 50
2. 食事の記録…………………………………………………… 54
3. 入浴の記録…………………………………………………… 62

4

4　排泄の記録……………………………………………………… 68
　　5　日中の様子の記録……………………………………………… 74
　　6　夜間の様子の記録……………………………………………… 79
　　7　ターミナル期の記録…………………………………………… 81
　　8　事故の記録……………………………………………………… 91

第6章◉読み方の基本……………………………………………… 97
　　1　なぜ、記録を読むのか………………………………………… 97
　　2　記録の目的を理解し、必要な情報を整理する……………… 98
　　3　情報の共有とケアの標準化 …………………………………100
　　4　ケアの質と事故の予防、法令遵守 …………………………103
　　5　共有すべき情報を把握する……………………………………108

第Ⅲ部　記録を活用する

第7章◉記録をケアプランに活用する ……………………………114
　　1　ケアプランの「総合的な支援目標」とは ……………………115
　　2　日々の記録をケアプランに活かす ……………………………121
第8章◉記録をリスクマネジメントに活用する …………………128
　　1　介護現場におけるリスクマネジメント ………………………128
　　2　記録がなければ… ………………………………………………130
　　3　記録があれば… …………………………………………………132
　　4　記録の分析とリスクマネジメント ……………………………136
第9章◉記録を職員の教育に活用する ……………………………142
　　1　職員教育の大切さ ………………………………………………143
　　2　記録から職員の利用者に対する見方を把握する …………144
　　3　記録から職員の「つまずき」を把握する …………………148

- 索引
- 編集元紹介
- 執筆者一覧

Column	
記録に用いる専門用語や略語の共有	33
施設サービス計画の立案	34
叙述体、要約体、説明体	45
敬語の使い方	46
食事を楽しむ工夫	61
足浴のすすめ	67
人間の尊厳に深くかかわる支援	73
ターミナル期の記録のポイント	90
議事録の読み方	111
記録に書かれる「問題行動」の表現	141

第Ⅰ部 記録の大切さ

第1章　記録の社会的役割
第2章　介護サービス事業者における記録の効果
第3章　生活の支援と介護記録

第1章 記録の社会的役割

「記録」は、なぜ大切なのでしょうか。記録にはどのような役割があるのでしょうか。第1章では、「サービスの質の確保」「利用者の権利擁護」「専門家としてのかかわりの証明」など、記録が果たす社会的な役割から、その重要性について考えます。

1 サービスの「量」の確保から「質」の確保の時代に

　2000（平成12）年4月、介護保険制度がスタートしたことにより、日本の社会保障システムが大きく変わりました。これまでの「福祉は施し、与えられるもの」という考え方から「福祉はサービスとして市民が主体的に利用するもの」と認識されるようになり、福祉に対する市民のとらえ方も大きく変わってきました。3年ごとの介護報酬の見直しと5年ごとの介護保険制度の見直しを重ねながら、「サービスとしての福祉」と「主体は利用者・市民」という基本的な考え方の実現に向けて、現在も検討が続けられています。

　介護保険制度の創設時には、利用者が必要なときに必要なサービスを利用できるように、サービスの「量」の確保が施策の最大の課題となりました。介護サービス事業所数をみてみると、制度がスタートした2000（平成12）年は約7万事業所でしたが、5年後の2005（平成17）年には約12万事業所、そして、介護予防サービス導入後の2007（平成19）年には、約23万事業所と飛躍的に増えています[1]。

　一方、介護サービス事業者が一定の数を満たすようになったことにより、今後の課題として、サービスの「質」の確保が求められるようになりました。2005（平成17）年の介護保険法の改正では、表1-1に示す五つを柱とした改革が行われましたが、これらをみると改正の目的は「サービスの質の向上と確保」であることがわかります。

表1-1 介護保険法の改正のポイント（2005(平成17)年）

1	新たなサービス体系の確立	地域密着型サービスの創設、地域包括支援センターの創設
2	サービスの質の確保・向上	介護サービス情報の公表制度の導入、事業者規制の見直し、介護支援専門員の資格の更新制の導入、研修の義務化
3	施設給付の見直し	介護保険3施設の居住費・食費等の利用者の自己負担化
4	負担のあり方・制度運営の見直し	第1号被保険者の保険料の見直し、要介護・要支援認定の見直し、保険者機能の強化
5	予防重視型システムへの転換	「予防給付」の見直し、地域支援事業の創設

　介護保険制度は、税金と介護保険料とサービス利用料を財源としているため、介護サービスは公的なサービスであることはいうまでもありません。したがって、国、都道府県、市町村（保険者）には、提供するサービスの質を確保し続ける責任があります。そのために、監査が強化され、運営基準が厳しくなってきています。このような状況のなかで、運営基準を満たし、利用者に対して、法律に基づく適切なケアを提供していることを証明する「材料」として、最も重要なのが「記録」であるといえます。

②　法律に基づく運営（コンプライアンス）

　介護保険制度は、国、都道府県、市町村の税金、65歳以上および40歳以上65歳未満の医療保険加入者が支払う介護保険料、そして利用者が支払うサービス利用料を財源基盤として運営されています。したがって、介護保険のサービスを提供する事業者は、市民・利用者に対して適切な運営を行っていることを報告する義務を果たさなければなりません。具体的には、市民の知る権利を保障するためにも事業内容や運営についての情報（記録）を公表することが義務づけられています。介護サービスは、社会的な使命を果たすことが求められる公的サービスであるという認識をもち、そのために、厳しい法律が課されていることを理解する必要があります。

　また、利用者の居宅や施設内で提供されるサービスには、第三者の視点が入り

にくいという特徴があります。したがって、それぞれの事業所が適切なサービスを提供していること、つまり利用者が適切なサービスを受けられていることを保障する仕組みとして、地域住民や利用者、家族に対する情報公開や情報開示が義務づけられており、ここでも「記録」が重要な役割を果たしています。

さらに、介護サービス事業者には、法的に守らなければならないことが数多く課されています。例えば高齢者の場合には、社会福祉法、老人福祉法、介護保険法の三つです。「社会福祉法」は、2000（平成12）年に、「社会福祉事業法」から名称変更され、新しい時代に対応する内容への見直しが行われました。改正のポイントは、表1－2のとおりです。

また、老人福祉法（1963（昭和38）年制定）と介護保険法には、「利用者本位のサービス」「自己決定の尊重」「人間としての尊厳」に重点をおいたサービスを提供することが明記されています。そして、それらを促進・確保する方法として、「監査」や「介護サービス情報の公表」「第三者評価」が位置づけられており、

表1－2　社会福祉法の改正のポイント（2000（平成12）年）

1	利用者の立場に立った社会福祉制度の構築	利用者と事業者は対等な関係であることを明確にし、事業者は、利用者がサービスを選択できるように適切な情報を提供する
2	利用者保護のための制度の創設	必要な人に必要なサービスを提供するために、日常生活自立支援事業（旧地域福祉権利擁護事業）を行う苦情解決のための仕組みを導入する（情報提供→受け付け→検討→解決のプロセス、議事録や報告書の作成、結果の報告） サービスを利用する際に、契約内容や重要事項を説明し、文書を交付する
3	サービスの質の向上を図る制度の構築	事業者は、サービスの質を自己評価し、質の向上を図る（評価記録、結果報告書の作成） サービスの質を評価する第三者評価機関の育成と促進を図る（事実確認のための記録、議事録、報告書の整備、評価結果の公表） 事業運営の透明性の確保、サービス利用者の選択のための情報提供を行う 　① 事業者はサービス内容に関する情報を提供する（わかりやすい表現や情報のあり方を検討する） 　② 財務諸表および事業報告の開示の義務づけ（財務諸表と事業報告書の作成）

主に帳票類、議事録など「記録」の確認が行われています。

利用者および介護サービス事業者の数が増えるなかで、現在は、より一層サービスの質の向上に努力する事業者と、最低限の法律を守っていればよいと考える事業者とで質が二極化してきています。そのような事業者の姿勢や考え方は、そのままサービス内容に反映されるため、利用者が事業者を自ら選択できるような仕組みの整備が求められています。

3 利用者の権利を守るための記録

介護保険法上に定められた「介護保険施設」は、「介護老人福祉施設」「介護老人保健施設」「介護療養型医療施設」の3種類です。介護老人福祉施設（特別養護老人ホーム（以下、特養））は、全国で5892施設、介護老人保健施設は3435施設、介護療養型医療施設は2608施設あります[2]（2007（平成19）年10月1日現在）。なかでも特養は、入居の順番を待っている「待機者」が約39万人と最も多いといわれており、「終のすみか」としての役割も含め、特養に対する市民のニーズはますます高まっているといえるでしょう。特養の入居者の重度化も進んでおり、平均要介護度は、2000（平成12）年は3.35でしたが、2007（平成19）年には3.80となっています[3]。施設によっては、4.50以上というところもあります。

入居者への適切な支援は、本人のニーズに基づいて提供されますが、入居者の9割以上に認知症があり、身体障害や機能低下の重度化が進んでいる状態では、自ら不満や不安、要望などを表現することができないのが現状です。一方、入居型の施設では、24時間・365日のかかわりになるため、職員が入居者に与える身体的、精神的影響は非常に大きいと思われます。このような状況のなかで入居者の権利が守られ、適切なケアが受けられることを保障するため、入居施設では、特に、監査や介護サービス情報の公表、第三者評価が詳細にわたり行われる仕組みになっています。このとき、事実確認のための客観的資料となるのが「記録」です。この点からも職員一人ひとりが、「記録」の意義や目的を正しく理解することの重要性がわかると思います。

介護保険制度の理念は、「人間として尊厳をもって生きることを支える制度」と理解されています。そのため、これまでの集団ケアから個別ケアに重点がおか

れ、厚生労働省の報告書「2015年の高齢者介護——高齢者の尊厳を支えるケアの確立に向けて」においても高齢者の尊厳を支えるケアを確立するうえで、専門職としての知識・技術とともに人と共感できる豊かな人間性を備え、介護の本質的な理念を体得できるような人材を確保、育成していくことの重要性が示されています。

　施設における個別ケアは、アセスメント結果に基づく施設サービス計画、計画に基づく支援の実施とその評価の繰り返しによって実践されており、そのプロセスが入居者や家族に理解できるように記録されていなければなりません。つまり、記録は入居者にかかわる専門職の間で理解できればよいというものではなく、また、読み手によって解釈が異なってしまうものでもなく、「だれが見ても、正確に理解できるもの」が求められているといえます。したがって、例えば、専門用語を使う場合でも、注釈をつけるなどの配慮が必要となります。

　個別ケアを実現するためには、利用者に関する適切な情報を収集し、その情報を職員全員で共有し、安心して安全にその人らしい暮らしが継続できるように、具体的な支援のプロセスを構築する必要があります。

4　介護職の専門性を社会に発信する

　利用者の生活支援に携わる介護職が「専門職」として社会に認められるのは容易なことではありません。介護福祉士は、1987（昭和62）年に国家資格となりましたが、介護福祉士に対して「専門職」ではなく、「たいへんな仕事なのに感心ね」とか「やさしい人じゃないとできないわね」「若いのにえらいわね」といった見方をしている人も少なくありません。

　また、生活支援に含まれる「食事介助」「入浴介助」「排泄介助」などは、家族が在宅で行ってきたものと同じものだと認識している人が多いと思います。例えば、昼食の時間に面会に来た家族は、職員の食事介助を見て、「人数が多いのでたいへんだ」とは思ってもそれが専門職としてのかかわりであるとは見ていないでしょう。

　つまり、実際には、その人の嚥下機能を把握し、活用できる能力を判断したうえで、本人の意思にしたがって、安全に可能な限り口から食べてもらえるよう支

援をしており、何か変化があれば、速やかな対応を適切に行うための知識と技術に裏づけられた介助を行っていたとしても、外からは単にひと口ずつ食事介助をしているようにしか見えないのです。このような介護職の専門性が社会に理解され、介護職が信頼できる専門家として認められるには、介護記録や研修の実施記録、委員会の記録などを通して利用者や家族、第三者に、介護職が行っている専門的なかかわりを知ってもらうことが重要です。

　一方で、市民の福祉サービスに対するニーズの多様化に伴い、介護職には、ますます高度な知識や技術が求められるようになってきたことも事実です。ただし、高度な知識や技術を身につけさえすればよいというのではなく、あくまでも利用者の思いや望みが尊重され、それを実現していくために知識や技術を活用することが大切です。また、知識や技術は、日進月歩しています。さらに、医療や福祉だけの情報を頼りにしていると、利用者一人ひとりの生活歴、職業歴、価値観、人生観、宗教観をふまえた総合的な支援を行うことはできず、「アルツハイマーのAさん」「糖尿病のBさん」「脳梗塞のCさん」というように障害や病気だけをみて、不自由になった部分を補うことが支援の中心になってしまいます。記録についても身体的側面からみた記録が多く、その人の暮らし方や生き方がみえにくくなってしまいがちです。

　第三者評価のために訪問したある施設で、入居者Dさんの20日間の記録を見たところ、そのうちの17日間に排泄に関することが記載されており、その他には、食事や水分の摂取量が書かれているだけで、Dさんの楽しみや喜びに関することは、わずか2回しか書かれていませんでした。本来、介護記録には、施設サービス計画の目標を受けて、例えば、趣味の歌をうたう機会をどのようにつくり、そのときにどのような雰囲気で、どのような表情をしていたかということを記録する必要があります。そうでなければ、Dさんの生きがいや楽しみを支援している実態がほかの人には理解されません。「生活の支援」という介護の専門性を確立していくことは容易ではないため、何をもって専門性というのかについて、記録を通して証明し、社会に発信していかなければなりません。

　人々が暮らす社会には、医師、看護師、弁護士、裁判官、教師などさまざまな分野の専門職が存在しますが、すべての専門職には、自分の役割を認識し、法や確かな根拠に基づいた行動や判断によって結果を生み、その結果に対して責任を

とることが求められます。なかでも介護職は人に直接ふれ、その日常生活に深くかかわる職業です。したがって、特に、高度な専門性と深い教養、豊かな人間性や感性が求められるのはいうまでもありません。

　介護職は、利用者一人ひとりの介護記録を通して、「専門職としての視点やかかわりによって、利用者が安心して安全に、その人らしく生活できている」ということを伝える必要があります。また、介護という仕事に対する社会的な信頼や評価を得ていくために「記録」は有効な役割を果たしていることを認識することが重要です。

●引用文献

1）厚生労働省「平成19年　介護サービス施設・事業所調査結果の概況」

2）同上

3）厚生労働省「介護サービス施設・事業所調査」各年版

第2章 介護サービス事業者における記録の効果

> 介護サービス事業者にとって、「記録」はどのようなメリットがあるのでしょうか。第2章では、「実践の証明」「支援結果の発信」「利用者・家族との信頼関係の構築」など、介護サービス事業者における記録の効果の視点から、記録の重要性について考えます。

　「記憶より記録」という言葉があるように、人間の記憶はとても曖昧なものです。しかも時間の経過に伴い、記憶した内容はますます曖昧になっていくため、「つい、うっかり忘れてしまった…」「後でやるつもりだった…」ということは日常的に起こり得ることです。

　しかし、介護を必要とする利用者は、心身機能の低下により、抵抗力が衰えているなど通常よりも弱い立場におかれていることを忘れてはなりません。したがって、「つい、うっかり…」「後でやるつもり…」の結果、重大な事故につながる可能性もあります。

　また、24時間・365日、多くの複雑な問題を抱える利用者の生活を支援するためには、複数の職員が継続的にかかわることや多職種によるチームケアを推進することが必要不可欠になってきます。このような状況のなかで、利用者に関する情報を共有するために、記録のもつ意味はたいへん重要なものとなります。

　介護サービス事業者における記録の具体的な効果としては、表2－1のような点があげられます。

表2－1　記録の効果

1	実践の証明
2	提供するサービスの質の維持・向上
3	社会に向けた支援結果の発信
4	利用者・家族との信頼関係の構築

1 実践の証明としての記録

　介護の実践における記録とは、「なぜこのような支援をしているのか」「実施の結果どのように変化したか」という実践の証明であり、支援の根拠となるものといえます。したがって、記録には、支援の内容や利用者の状況はもちろんのこと、支援の目的と手段の適切性が明らかにされていなければなりません。

　専門職の行為の裏づけとしての記録とは、ただ「○○であった」という一般的な現象を書くのではなく、「○○であったため（○○を防ぐため）、△△を実施した」という状況判断と洞察があり、そのうえで「○○を目指してこのような支援を行った」という計画的支援が理解できる書き方をしなければなりません。この点が、専門職の書く記録の大きな特徴といえるのではないでしょうか（表2－2）。

　記録の書き方については、第Ⅱ部で詳しく述べますが、表2－2に示したような点から、日常的に書いている記録を再点検してみることは、介護を行う際の着眼点を養うためにも、また、専門職として記録の力をつけていくためにも有効な手段となります。

　現場の介護職からは、「現場の対応に追われ、記録を書く時間がない」「記録を書くのは面倒だ」という声をよく聞きます。しかし、日々の記録をきちんと書いておかなければ、「その時点ではこのような状態であったため、このような対応をした」など、専門職として対応したことの証明ができなくなるということを理解しておかなければなりません。

　「実践の証明」としての記録の重要性が象徴的に現れるのは、事故やリスクマ

表2－2　専門職の記録と非専門職の記録の特徴

	専門職の記録	非専門職の記録
論理性	生じた事象が時系列的に理解できる	生じた事象の前後関係がわかりにくい
因果関係	事実と原因が明確になっている 何が引き金になって事象が生じたのかが記述されている	生じた現象の原因がわからない
将来予測	今後の予測（展望）がしやすくなる	今後、何が起きるのか予測できない

ネジメントにかかわる場面です。刻々と変化する可能性のある利用者の状態について、「○年○月○日○時○分」という時点を明記し、その時点における状況を具体的に記し、その状況からどのように判断し、どのような対応をしたのか、その結果どうであったかを書き留めておくことが、専門職としてのかかわりの証明になります。例えば、「転倒が認められた直後、看護師Eが全身のボディチェックをしたが、あざや傷は認められなかった」「○時○分に検温をしたが、36.1度と平熱であったため、病院には行かなかった」などの記録がこれに該当します。

これらの記録を日々備えておけば、監査やトラブル、訴訟などのときだけでなく、家族等にも自信をもって記録を開示することができ、家族が来所していない時間帯における対応についても、具体的に説明する客観的な資料となります。このように、記録を書くことは、職員や介護サービス事業者の実践を証明し、その内容の正当性を主張するための根拠にもなります。

② サービスの質の維持・向上のための記録

介護サービス事業者における記録のもう一つの効果は、提供するケアの質の維持・向上につながるということです。つまり、記録を活用することにより、よりよいケアを実現することができます。記録は書くことが最終目的なのではなく、それを活用していかにケアの充実に結びつけるかということが重要になります。

ケアの質の維持・向上を図るためには、まず利用者にかかわる職員全員が、①生活の継続性を図るため、同一の方針でかかわること、②変化する状況に応じて柔軟な対応を行うこと、③常に最新の情報を把握し、共有して、質の高いケアの継続につとめることが必要になります。

実際の現場では、利用者にかかわる介護職全員が同じ程度の知識、技術、経験を有しているわけではないため、支援の目標や対応の基本的な方針、介助の方法にバラツキがあると、利用者に混乱を与え、結果として不利益をもたらしてしまうことにもなりかねません。また、複数の介護職が、それぞれ独自の判断によって利用者にかかわれば、ケアの継続性や一貫性は保たれず、質の高いケアの実現には程遠い結果となってしまいます。したがって、支援の目標や方針は、全員に共有され、尊重されなければなりません。

仮に専門職として現在の方針に疑問があったり、別の対応が必要であると判断した場合には、個人がバラバラに対応するのではなく、かかわる専門職が同席したカンファレンス（サービス担当者会議）等の場で協議し、方針や具体的な支援方法について軌道修正を図らなければなりません。そして、このようなカンファレンスの際に根拠となるのも「記録」です。記録によって、なぜ疑問に思うのか、なぜ別の対応が必要と考えるのかを説明することができます。また、カンファレンスの内容についても、情報共有のために、きちんと記録しておくことが必要となります。これらは、後日、支援の方針を確認したり、カンファレンスに出席できなかった職員や利用者、家族に伝えたりする際にも有効な資料となります。

　このように、日々の記録は複数の人がかかわる介護現場の共通情報として、また、目標や方針の正当性を示す基礎資料としての意味をもっています。

　なお、ここでいう「記録」には、利用者・家族からの苦情の記録も含まれます。よく「苦情は宝」といわれますが、苦情については客観的に記すことがむずかしく、ともすれば苦情を申し出た人を「クレーマー」として扱ってしまったり、申し出た人との表面的な関係修復にとどまり、問題の本質的な解決にまで至らなかったりといった問題点が指摘されています。しかし苦情のなかには、従来これが当たり前だと思って、疑問ももたずに見過ごしてきた欠点が含まれていることも少なくありません。これらを改善するためにもどのような要望や苦情でもきちんと記録に残し、その内容を吟味し、改善の必要性を検討することが大切です。

③ 支援の結果を社会に発信するための記録

　第1章でも述べましたが、記録を書くことは、専門職としての支援の実際を社会に発信することとも深いつながりがあります。逆にいえば、税金、介護保険料、サービス利用料を財源基盤としている介護サービス事業者には、一体どのような支援を実施しているのかを明らかにすることが求められており、それに明確に応える社会的な責任があるということになります。

　つまり、監査や実地指導などにおいて指摘される事項への「対策」を講じるだけでなく、情報開示やより積極的なPR活動を行い、納税者である地域住民に対して、「公費をこのように使用しており、それは投入する価値があるものである」

ということを証明する必要があるのです。行政と市民とのパートナーシップを構築することが求められている現代において、介護サービス事業者は、これらの動向を見定めながら、自らの実践を記録として残し、これを開示（求めに応じてきちんと示す）し、さらに進んで提供（相手の役に立つよう工夫して差し出す）していく必要があります。

　なお、利用者・家族はもちろんのこと、地域住民の信頼を得るためにも、情報提供の際に留意しなければならないことがあります。それは、「個人情報の保護」という観点です。昨今、インターネット等の普及に伴って、個人情報の利用が著しく拡大してきました。これに対応し、個人情報の有用性に配慮しつつ、個人の権利・利益を保護する必要性が高まってきています。これらの状況のもとに、2003（平成15）年に「個人情報の保護に関する法律」が成立し、2005（平成17）年に全面施行されました。福祉分野でも、この法律に従って厚生労働省からガイドライン（「医療・介護関係事業者における個人情報の適切な取扱いのためのガイドライン」）が示されています。

　介護サービスでは、きめ細かな個別支援を行うために、個人情報を扱わなければならない場面が多々あります。利用者一人ひとりの個人情報をもとにサービスを提供するという特性を考えると、個人情報の積極的な収集を図りながら、その活用や共有化、保護については、まさに利用者本人の「有用性」を第一に考えなければならないという強い使命を帯びていることがわかります。こうした点から、個人情報の取扱いについて一律に規制するのではなく、個人情報を扱う職員一人ひとりが法の趣旨を十分に認識し、何が利用者本人の最善の利益につながるのかという観点を常に忘れず、高い倫理性をもって情報（記録）を扱っていく必要があります。

④ 利用者・家族との信頼関係の構築のための記録

　記録はこれまで主として「職員のためのもの」と認識されてきました。実際に、介護の現場では、利用者に適切な支援を行うために情報の共有や活用が大切であるという観点から、記録を書き、読み、活用する第一義的な対象は職員であると当たり前のように認識されてきました。

このことは全面的に誤りとは言い切れませんが、一方で、利用者主体の質の高いケアを実現していくためには、記録を職員や関係機関の専門職と共有するだけでなく、利用者や家族を含めて共有することが求められています。
　介護の現場の例ではありませんが、2007（平成19）年7月に大田区が生活保護受給者から提訴された事例では、大田区は「生活状況などへの率直な印象、評価を記載した部分を開示することになれば、当事者からの反発を恐れて率直に記録しなくなる」と主張しましたが、この訴えは退けられ、「担当ケースワーカーが抱いた印象や評価を記載する場合でも、客観的具体的事実を前提として、担当者の専門的知見に基づく印象や評価が記載されるものであると考えられるから、そのような印象や評価が的確な表現で記載されている部分が開示されたからといって、特別の事情がない限り、直ちに担当者と被保護者との間の信頼関係が損なわれるとは通常考え難く、本件において、そのような特別な事情を窺わせる証拠は何ら存在しない」との見解が示されています[1]。つまり、記録には、記載する職員の主観ではなく、「客観的具体的事実」が「専門的知見として」記されるべきであり、したがって本人への開示ができないような的確性を欠いた記録はあり得ないということになります。
　現在では、「利用者に見せることを前提とした記録は、専門家だけを前提とした記録とは異なる」「利用者が受け入れ難い記述はできず、二重記録が必要となる」といった主張を超えて、真に利用者と共通の視点をもつことが求められてきているといえます。これは、カルテや内申書の開示など、福祉の隣接領域である医療や教育分野での「本人への情報開示」が行われた影響が大きかったのではないかと思われます。
　入居施設では、かなり頻回に面会に来る家族であっても、24時間・365日すべての生活を知ることができるわけではありません。むしろ家族が見ていない時間帯のほうが長く、入居者がその時間をどのように過ごしているのかについては、記録を提示しつつ情報提供することが、家族との信頼関係を構築する際に大きな効果をもたらします。また、入居が長期化した場合などは、「施設に入る前はそんな状況ではなかった」「そんなことがあるとは聞いていなかった」と主張する家族もいますが、そのような場合は、施設からの日常的な情報提供が不足していたことがうかがわれます。家族が来所するたびに、入居者の状況を詳しく記した

記録を提示するなど、入居者の情報を丁寧に提供することにより、誤解や不安を防ぐことができた例は少なくありません。

さらに、「入居者や家族への記録開示を前提とすると、受け入れ難いことは書けない」と考えるのではなく、職員が入居者や家族と「現状」を共有できるように取り組んでいくことこそ、まさに専門性を発揮するところといえます。

なお、イギリスでは1987年に「個人ファイルアクセス法」という制度が整備され、利用者の記録へのアクセス権が保障されているといわれています[2]。背景には、専門職としてのソーシャルワーカーの多大な貢献があったということです。記録の公開・開示は、利用者・家族と職員をつなぐ架け橋であり、相互の信頼関係に基づいて成り立つものであるということを認識し、利用者がより積極的に自らの記録にアクセスできるシステムを構築する必要があると思われます。

利用者・家族の参加と協働を前提とした支援への道筋をきちんと整備していくことが、信頼関係の構築につながっていきます。

●引用文献

1) 藤岡毅「社会保障・社会福祉判例研究生活保護ケースワーク記録の開示請求、全面勝訴——生活保護ケースワーク記録非開示取消訴訟判決」『賃金と社会保障』1449号、p.58、旬報社、2007年

2) デビット・シェミングス、小田兼三・福永英彦訳『参加と協働のソーシャルワーク——社会福祉サービスにおける情報と記録の共有政策』p.2、相川書房、1997年

第3章 生活の支援と介護記録

> 第1章・第2章では、記録の大切さについて、社会的な役割や介護サービス事業者にとっての効果の観点からみてきました。第3章では、現場における支援のプロセスに沿って、なぜ記録が重要なのか、記録を活用してケアの質を高めるとは実際にはどのようなことを意味しているのかについて、具体例をあげながら考えます。

① 「個別ケア」に必要な記録

一人ひとりの生活習慣を把握する

　介護保険法の理念にも掲げられているように、近年、「利用者のニーズに応じた質の高いケアの実現」は福祉領域全体の目標となっています。これは特養などの入居施設を例にあげれば、「起床、食事、排泄、入浴、アクティビティ、就寝など一定の時間にすべての利用者が一斉に『ケアされる』といった集団ケアから脱却し、それぞれの生活リズムに応じた個別ケアを実現すること」に象徴的に現れます。たとえ同じ年齢の人でも、同じ地域で生活していた人でも、同じ職業に従事していた人でも、人はそれぞれに固有の生活歴や生活習慣、文化をもって日々を送っています。

　例えば、朝、目覚めてから何をどのように行うのかは、一人ひとり異なります。顔を洗う、着替える、寝具を整える、朝食をとる、髪をとかす、歯を磨く等の順番や方法を例にあげても、他者と全く同じという人はおそらくいないでしょう。朝食の習慣でも、自ら朝食を作る人、家族が用意してくれる人、毎日朝食を外で食べる人、時々は外食する人、朝食を食べる習慣のない人など千差万別です。さらに、主食の選択、調味料の使い方、朝のメニューに欠かせないものなども人によってさまざまです。

　高齢期となり、長い人生の締めくくりの時期ともなれば、これまで長年、「自分自身のやり方」を通してきているため、このような「差異」は大きくなります。

にもかかわらず、「施設に入居したから」という理由で、それらの習慣が尊重されず、集団的ケアを押しつけられるようであれば、施設での生活は本人にとって「苦痛」となってしまいます。

そこで、一人ひとりの個別ケアを実現し、その人らしい尊厳のある日常を支えていくために「施設サービス計画（施設ケアプラン）」や「介護計画」などの職種別の援助計画（以下、介護計画）が必要になります。これらの計画には、個人の特性に応じた支援が盛り込まれ、計画内容に応じた支援を実践することにより、その人らしい生活が実現します。「その人らしさ」を実現するためには、入居者とのかかわりにおいて気づいた点を記録し、専門的な視点からそれを整理・分析し、ケアの内容や方法を工夫していくといった日々の営みが必要です。言い換えれば、日常の観察とその記録がなければ、個別ケアは実現し得ないということになります。

一方で、施設に入居する前提として、一定の集団生活を送るためのルールがどうしても必要となることもあります。また、人員配置には限度があるため、限られた条件のなかで「その人らしさ」を追及せざるを得ないこともあります。だからこそ、日々の記録をもとに、「本人にとって最も優先されなければならないことは何か」を判断するための根拠を明らかにして、介護計画の作成や見直しを行わなければなりません。このような意味においても、記録は重要な役割を担っているといえます。

施設サービス計画と日々の記録を結びつける

介護の現場では、施設サービス計画や介護計画について、「形骸化していて、本来の意味での個別の計画になっていない」「内容が入居者の生活実態と合致していない」「施設サービス計画と介護計画、介護記録が乖離してしまっている」などの声をよく聞きます。だからといって、もちろん施設サービス計画や介護計画が不要な訳ではありません。個別ケアの実現のためには、日々の実践をきちんと記録して、適切な評価を行い、適宜、支援の内容を見直す必要があります。

記録が書きっ放しになっていたり、ケアの基本方針である施設サービス計画を意識せずに日常のケアを行っている場合は、入居者の望む生活を実現することはできません。まずは、現在、自分たちの施設で使用しているアセスメント表や施

設サービス計画書、モニタリング表などと日々の記録を結びつけることによって、日常のケアの質の向上を図ることが重要です。

なお、施設サービス計画と介護計画、介護記録を具体的にどのように連動させ、活用していったらよいかについては、第7章の「記録をケアプランに活用する」で詳しく述べることにします。

② 「チームアプローチ」と情報の共有

チームアプローチの必要性

　介護サービスを利用する人々が抱える課題やニーズは、近年、ますます多様化し、複雑化しています。このような状況のなかでは、担当者がいくら奔走しても、課題を一人で解決することはむずかしくなってきています。また、利用者が直面している生活の課題は、いわゆる介護や福祉の領域にとどまるものではなく、医療、保健、栄養、リハビリテーション、経済、消費生活、司法など周辺領域に及んでいることもあります。このような問題にかかわるためには、他領域の専門職の視点からもアプローチを図り、問題解決へと導くことが不可欠になります。だからこそチームアプローチが求められるのです。

　例えば、特養には介護職のほかに、看護師、栄養士、生活相談員等の専門職がいて、それぞれの専門性を発揮しながら総合的に入居者を支援し、入居者の望む生活の実現を目指しています。また、ときには、医師や保健師、弁護士などの他機関の専門職や地域の学校、地域住民などと連携し、課題の解決や目標達成を目指すこともあります。

　したがって、介護の現場でも、日々のケアだけを粛々と積み重ねていればそれでよいものではなく、入居者を家族や地域社会など本人を取り巻く生活環境とのかかわりからとらえ、それらを含めて支援を展開することが必要になっています。

　組織の内であれ、外であれ、このような専門職とのチームアプローチを成功させるには、相互の信頼関係に基づく情報の共有が重要であり、そのための記録の整備は欠かすことができません。チームアプローチにおいては、仲間うちでは何とか通じていた「あれ」や「それ」、「いつもどおり」「変化なし」などでは、利用者の個別のニーズに対応したケアを行うことは困難になります。

見解の根拠となる記録

特養などのように、24時間・365日の生活をローテーション勤務により支援する職場では、一人の介護職だけが特定の入居者にかかわるということはあり得ません。そこで、複数の介護職が同じ視点に立って、継続的にケアを行うためには、日々変化する状況を的確に把握し、記録を通じて情報を共有する必要があります。さらに、「介護記録」「看護記録」「生活相談員の記録」などのように、専門職ごとに別々の記録を書き、蓄積していることが多いと思いますが、入居者の全体をとらえ、総合的なケアを実現していくためには、ほかの職種とも記録を共有することが必要です。

例えば、介護職と看護職、あるいは介護職と栄養士が、それぞれ全く別の方針でアプローチしていては、入居者の望む生活の実現とはかけ離れてしまうことは容易に想像できます。つまり、自分たち以外の職種が、どのような方針に基づいて、どのようなケアを実施しているのかについても把握しておく必要があります。そして、支援の方針にズレがある場合には、必ずカンファレンスを開き、それぞれの立場から意見を交わし、方針のズレを適切に修正する必要があります。

チームアプローチにおいては、ほかの職種との信頼関係に基づく支援が前提となりますが、それは、ほかの職種の主張を鵜呑みにすることでも、自分たちの見解を無理やり押しつけることでもありません。職種が異なれば、異なった見方があるのは当然であり、議論を通じて最良の方法を導き出すことにより、入居者に最善の利益をもたらすことが専門職の役割です。日々の記録は、これら専門職としての見解の根拠となります。

記録の共有化における課題

このように、チームアプローチの前提となる情報共有の手段として「記録」がありますが、多様な専門職と記録を共有化するためには、表3－1のような課題もあります。

表3－1 記録の共有における課題

1	特定の専門職のみに通用する専門用語・略語の共有化
2	記録の一元化
3	記録の標準化

専門用語・略語の共有化

　表３－１にあげた三つの課題のうち、「専門用語・略語の共有化」については、共有する記録には特定の専門職のみに通用する専門用語や略語は使用しない、ある一定の専門用語は、施設としての「用語集」などを作成し、入居者や家族、外部の連携機関を含めて、共有化を図る工夫をするなどの方法が考えられます（コラム33頁参照）。

記録の一元化

　「記録の一元化」については、まず組織内部の専門職間での記録の共有化が問題となります。記録用紙に筆記用具で記入する方法では、記録が専門分化すればするほど、また、制度改正等によって様式が増えれば増えるほど、職員が書かなければならない記録が著しく増加し、同じ内容を転記するだけでもかなりの時間と労力を要する事態になってしまいます。また、何回も書き写しているうちに、徐々に内容が変更されてしまうなどの副次的な問題が発生することもあります。

　最近では、コンピュータを使用した記録システムを導入することによって記録の一元化を図り、ケアの質の向上につなげている施設もありますが、多くの施設では、職種ごとに専用の記録があり、職種間で必要な情報は、申し送りやメモ、連絡ノートへの記入などの方法で共有していると思われます。メモや連絡ノートは、入居者の状態の共有や家族からの連絡の伝達、職員の事務連絡に至るまで、実に有効な機能を果たしているのですが、支援の根拠や経緯をさかのぼって確認したい場合などには、それを探し出すのに多くの時間と労力を必要とします。さらに、メモや連絡ノートを見た職員と見ていない職員との差が、時間の経過とともに情報量の格差につながり、結果として提供するサービスの質にバラツキが出てしまうことにもなります。

　また、職種ごとに記録を管理している場合は、情報の重複が多い一方で、共有される情報が限定されるという非効率的な事態が生じます。それは、「記録が入居者の生活支援や、発生した問題の原因究明の根拠として活用されていない」ことを意味します。つまり、「記録」の本来の目的を果たしていないことになるのです。「記録が負担になっている」という声をよく耳にしますが、その背景には、「記録を書いても意味がない」「何を書いていいのかわからない」というように、

記録の目的を十分に理解していないことがあると思われます。

ここで、「業務主体」の記録のあり方と「利用者主体」の記録のあり方を比較してみましょう（図3－1）。

利用者主体の記録の特徴は、記録が「一元的」に管理されていることです。つまり、図3－1のBに示すように、利用者Iさんに関するさまざまな側面からの情報、各職種が把握しているIさんに関する情報を一つの個人記録（ケース記録）として管理しています。これは、チームで情報を共有し、チームで成果を上げるための記録のあり方として最も有効です。記録の一元化を図るためには、「IT化」が効率的なのですが、ITの環境が整っていない施設においても、少なくとも介護

図3－1　業務主体の記録から利用者主体の記録へ

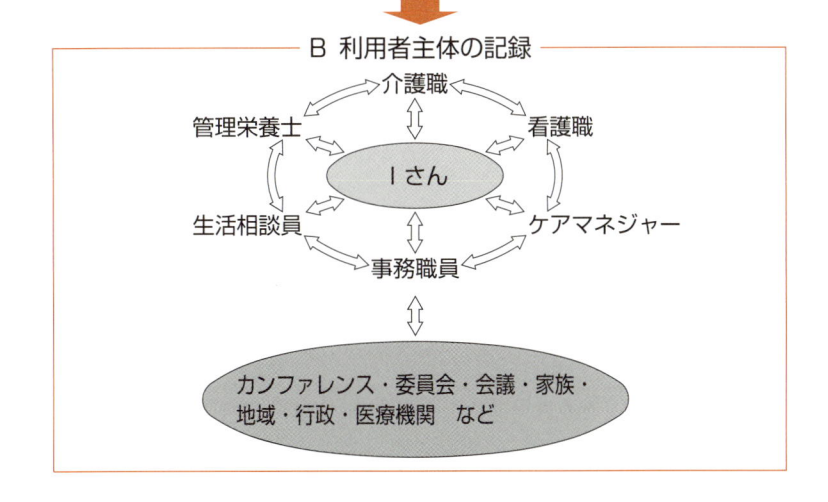

A　業務主体の記録

介護職／看護職／ケアマネジャー／事務職員／生活相談員／管理栄養士　がそれぞれIさんと個別にやりとり

カンファレンス／会議／委員会／地域　など

↓

B　利用者主体の記録

介護職・看護職・ケアマネジャー・事務職員・生活相談員・管理栄養士がIさんを中心に連携

カンファレンス・委員会・会議・家族・地域・行政・医療機関　など

職と看護職の記録を共有にすることで多くの効果が得られます。もしくは、各職種が有するIさんの情報を一つのファイルに入れ、それを必要なとき、いつでも見られるようにする方法もあります。

　記録が一元化されていると、Iさんに関して疑問に思うことがあった場合に、その原因を知るために関連する情報を幅広く手に入れることができ、適切な対応を速やかにとることができるようになります。このとき、書かれている記録が信頼でき、何のために書いているのかという目的が明確で、必要な情報が漏れなく記録されているということが前提条件になります。それが保障されてはじめて、根拠に基づいた信頼できる介護が提供できるようになるからです。

記録の一元化による効果

　具体例をあげて考えてみましょう。入居者の居室から離れた厨房にいることが多い管理栄養士が、入居者の食事の状況について「何かおかしい」「なぜかしら」と疑問をもったとします。記録が職種ごとに分散していると、栄養士は、1階の厨房から3階のフロアまで行って、「介護記録」「看護記録」「生活相談員の記録」「リハビリの記録」…と、情報を収集しにいくことになりますが、実際には、「忙しい」ことなどを理由に、「なぜかしら…」のままで終わらせてしまうか、「後でまとめて確認しよう…」と思って、そのまま忘れてしまうことも少なくないと思います。このような場合に、共通のファイルがあれば、すぐに情報を得ることができるので、時間をかけずに原因を把握し、速やかに対応することができます。

　例えば、いつもは食事を残さないIさんが、今日は昼食や夕食の食べ残しが多いことに栄養士が疑問を抱き、手元にあるファイルを開いてみると、"口内炎ができていて「痛い」と言っている"という介護職の記録があったとします。念のため、看護や生活相談員、リハビリテーションの記録を確認してみましたが、特にその他の変化があったという記録はみられませんでした。栄養士は、食べ残しは、口内炎による痛みが原因なのではないかと考え、介護職と相談のうえ、翌日の献立を刺激が少なく、喉越しがよくて栄養のあるものに変更することにしました。このような栄養士のかかわりにより、Iさんから食べる楽しみを奪うことなく、栄養状態も維持されるので、IさんのQOL（生活の質）を保つことができ

ます。このような取組みが、記録を活かしたケアの成果といえるでしょう。

　サービスを提供しているなかで「なぜだろう…」と疑問をもったとき、あるいは「変だな」と感じたときに、効率よく、正確な情報を得ることができる記録が整っていれば、専門職として、それぞれの役割をきちんと果たすことができると同時に、より質の高いケアを提供することが可能になります。

記録の標準化

　「記録の標準化」については、同一組織内において、基本的なルールを定め、共有すべき情報を確認することにより、一貫性のあるケアが実現します。また、ほかの職種と合同で研修を実施することなどにより、記録の標準化の必要性が共通理解として定着すると思われます。

　しかし「介護職のみが必要とする記録」「看護職のみが必要とする記録」など専門職固有の記録が必要なことも事実です。したがって、「職員全員が同じ項目を同じように記述する」という意味での標準化ではなく、それぞれの専門職の視点を大切にしながら、施設サービス計画に示された共通の目標が「実際にはどのように達成されているのか」あるいは「達成されていないのか」「その原因は私の専門領域からすればこのように考えられる」という内容を記述することが標準化につながります。このとき、前提として情報共有の必要性と、専門職ごとの役割を相互にしっかりと認識しておく必要があるでしょう。そして、そのための意思疎通を十分に図り、わからないことや疑問点を一つひとつ明らかにしながら連携していくことが、真の意味での「ケアの標準」を確立することにつながるものと思われます。

　このように多職種との連携は、自分たちの専門性を再確認し、その役割を明確化することにも役立ちます。

　自らの意思を十分に伝えることができない入居者が多いことを考えると、特養などの施設ではなおさら、「日々の生活を支援する介護職」の観察力と適切な記録が重要になります。

3 支援のプロセスと介護記録

特養における支援のプロセスと記録

　ここでは、特養などの施設において、支援のプロセスに沿って、どのような記録が書かれているのかを整理しておきます。プロセス全体について考えることで、仕事の合理化や客観化にもつながります。

　図3－2は、特養の一般的な支援のプロセスです。これらの一つひとつのプロセスにおいて、職種別にさまざまな記録が存在しています。例えば入居時の記録だけでも「入居相談記録（入居・見学時の相談受付票など）」「入居申請記録（申込書と優先順位算定に関する記録など）」「入居前面接記録（事前面接記録票など）」「フェイスシート（氏名、住所、要介護度、家族連絡先等を含む）」「ターミナル期に関する意思確認書」「嗜好調査票」「生活歴シート」などが存在します。

　これらの様式や記述項目、内容については、運営基準などですべて示されているわけではなく、施設ごとに異なっているのが現状です。また、重複する項目や転記が必要な項目が多くあります。したがって事業所内で一つひとつの記録の内容と目的を議論し、記録の種類を精査する必要があります。

施設サービス計画と職種別援助計画

　図3－3は、施設サービス計画・居宅サービス計画と職種別援助計画のイメージ図です。

　例えば、入居者の「介護記録」や「食事摂取状況票」等の記録を記入する際に、その入居者の施設サービス計画がきちんと意識されているかどうか振り返ってみてください。つまり、どのような目標に向かって支援をしているのか、したがって何を記録することが入居者のQOLの向上につながるのかを十分に考慮した記録が書かれているでしょうか。

　この日々の実践記録が、一人ひとりの施設サービス計画をふまえて、過不足なく記述されていなければ、モニタリングの際に、目標の達成度や適切性を判断する「根拠」がないということになってしまいます。つまり、施設サービス計画で「杖を使用して、○○まで趣味の散歩に行くことができる」という目標を掲げても、日常の記録のなかで、どのくらいの頻度で散歩に行っているのか、行ってい

図3-2　特養における支援のプロセスと記録の例

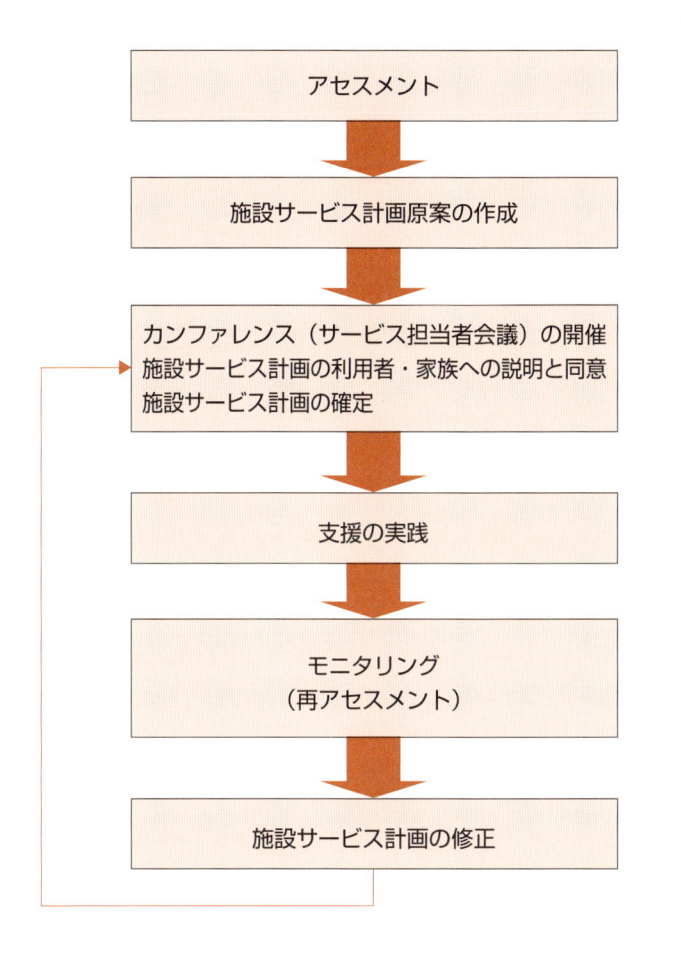

```
        アセスメント
            ↓
    施設サービス計画原案の作成
            ↓
  カンファレンス（サービス担当者会議）の開催
  施設サービス計画の利用者・家族への説明と同意
        施設サービス計画の確定
            ↓
         支援の実践
            ↓
        モニタリング
        （再アセスメント）
            ↓
      施設サービス計画の修正
```

【記録の種類（例）】
・入居相談記録
・入居申請記録
・フェイスシート
・入居前面接記録
・アセスメント表　等

・カンファレンス（サービス担当者会議）の要点

・職種別援助計画書
　　介護／看護／栄養
　　リハ／生活相談員　等

図3-3　施設サービス計画と職種別援助計画の関係

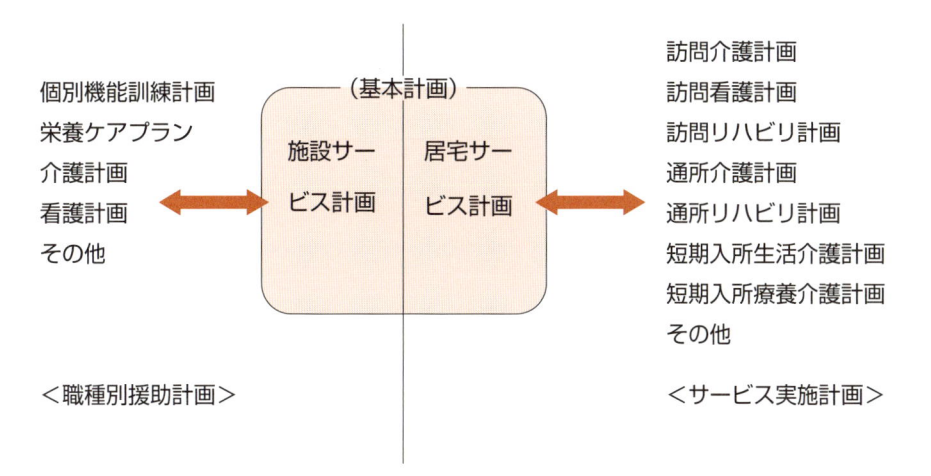

＜職種別援助計画＞
個別機能訓練計画
栄養ケアプラン
介護計画
看護計画
その他

←→ （基本計画）施設サービス計画 ｜ 居宅サービス計画 ←→

＜サービス実施計画＞
訪問介護計画
訪問看護計画
訪問リハビリ計画
通所介護計画
通所リハビリ計画
短期入所生活介護計画
短期入所療養介護計画
その他

ないのか、行っていない（あるいは行けない）場合の原因は何か、散歩の際の入居者の様子はどうか、身体的に負荷がかかっている様子なのか、日々散歩することに無理はないのか、散歩から帰った後、疲れ過ぎてはいないか、入居者自身が散歩を楽しんでいるのかどうかなどが記述され、蓄積されていなければ、カンファレンスやモニタリングの際に評価（判断）の根拠として使用できないということになってしまいます。

　記録が存在しなければ、職員の一人ひとりの曖昧な記憶や一時的な印象に基づく「評価」や「見直し」が行われる可能性もあり、それは科学的な根拠に基づく分析とはほど遠いものになってしまいます。このような意味でも、施設サービス計画と介護記録の連動は不可欠といえます。

　施設サービス計画と介護記録を連動させるためには、例えば、介護記録のファイルに施設サービス計画のコピーを閉じ込んでおく、施設サービス計画に位置づけられた支援については必ず記載できるよう記録用紙に記入欄を設けるなどの工夫が考えられます。また、カンファレンスの際に、日々の記録をどのようにデータ化して活用するのかを検討することによって、記録の内容もカンファレンスの進め方も改善することができます。

Column ▶記録に用いる専門用語や略語の共有

　介護記録や看護記録には、「BP」「Ns」「ケアマネ」など、略語が記されることがあります。記録を組織の内部関係者のみならず、外部の関係者や利用者、家族にも開示することが求められるなかで、これらの略語や専門用語を一切使わないようにする風潮もあります。

　しかし、記録の合理化を考えるとき、これらの略語を使用することは、決してマイナス面ばかりではありません。むしろそれほど高度な専門用語でなければ、略語を使用しながら、内外の関係者はもちろん、利用者・家族等とも、略語の意味を共有する試みが、「開かれたケア」の実現につながる場合があります。

　例えば、「園だより」や「家族会だより」などで「記録に使う略語」について特集を組み、「わたしたちの施設では、記録にこのような略語を使用しています。…（中略）…BPとはBlood Pressureの略で血圧を意味しています。…（中略）…〇〇園では、規程に基づき、ご本人およびご家族には、個人の記録を見ていただくことが可能です。ご希望の方はお問い合わせください」といった内容を掲載することによって、利用者や家族の記録への関心は格段に増加するでしょう。

　このような取組みは、利用者や家族との協働に基づくケアの実現に向けた第一歩ともなります。

Column ▶施設サービス計画の立案

　施設サービス計画（施設ケアプラン）は、「フェイスシート」「入居前面接記録」「職種別の記録」などの情報も活用してアセスメント（解釈・分析）を行い、入居者の生きがいや生活歴などを含めた全体像を把握します。それらを根拠として目標や課題を設定することが重要です。

　ターミナル期にある人、経管栄養を行っている人、重度の認知症のある人などは、痛みや苦しみ、辛さ、不快感などを伝えることが困難な場合が多く、また、我慢してしまう人もいます。そのような人に対して疾病や症状をきめ細かく把握したうえで「こころのケア」や「居心地のよい空間づくり」にも重点をおいた施設サービス計画を立案していくことが大切です。

第Ⅱ部 記録を書く・読む

第4章　書き方の基本
第5章　生活場面でみる書き方のポイント
第6章　読み方の基本

第4章

書き方の基本

記録は、介護サービス事業者だけのものではありません。利用者・家族はもちろんのこと、医療機関や保健所、自治体、第三者評価の関係者などが、さまざまな目的で利用します。第4章では、「事実を明確に書く」「敬語を適切に使用する」「プライバシーを尊重する」といった記録の書き方の基本を学びます。

　介護老人福祉施設（特別養護老人ホーム（以下、特養））のような入居施設では、24時間・365日、継続して入居者の生活を支えているため、入居者一人ひとりの生活がどのような根拠や支援プロセスに基づいて支えられているのかを入居者本人や家族にもわかるように記録する必要があります。特に、入居者の状態の重度化が進むなかで、入居者自身が明確に意思表示することがむずかしく、また、入居者の状態が大きく改善する可能性が高くない場合も多く、介護職として、その人の尊厳をどのように大切にしてかかわっているのかをきちんと記録しておくことが大切です。

　一方、特養をはじめ介護サービス事業者には、ますますサービスの質の確保が求められるようになり、そのための社会システム（制度）は定期的な見直しが行われています。したがって、介護サービス事業者は、目まぐるしく変わる制度を追いかけながら、それぞれの目的に沿った記録を残していかなければなりません。

　現在では、記録は、介護サービス事業者だけのものではなく、利用者・家族、成年後見人、地方自治体等の行政機関、第三者評価の関係者、医療機関、保健所、その他司法に関係する機関などからさまざまな目的で求められるようになっています。入居施設のケアの様子は外部からはみえにくく、理解されにくいといわれていますが、裏を返せば、記録に基づいた情報を提供し、わかりやすく説明することによって、正しい理解や評価につながるという利点もあります。

① 記録の目的と読み手

　介護の現場には、介護記録、看護記録、生活相談員の記録、事故・ヒヤリハット記録、身体拘束に関する記録などさまざまな種類の記録があります。また、施設サービス計画書やアセスメント表、モニタリングに関する記録、経過記録、日々の食事摂取の状況や排泄の状況を記録する表やフロアノートなどにもケアに関する重要な情報が記載されています。

　これらの記録はもちろん、書くこと自体が目的なのではなく、書かれた内容を他者に伝え、あるいはデータを蓄積・分析し、それを活用してよりよいケアにつなげることが目的となります。そのような意味で記録をツール（道具）として使いこなすことが求められています。

　したがって記録は、「だれが、何のために読むのか」を常に意識して書くこと、つまり、書いている自分だけがわかればよいのではなく、読み手が正しく理解し、ケアに活かすことができるように配慮して書く必要があります。

　例えば、「事故記録」は、利用者の安全を確保するため、事故原因を究明し、再発を防止する目的があります。つまり、事故を起こしたことに対する始末書や責任追及のために書くわけではないので、事故記録には、事故を起こしたことへのお詫びや自己弁護を書く必要はありません。また、たとえ事故との因果関係が推定されるとしても、利用者の生活歴や日頃の行動のエピソード等を詳細に記述する必要もありません。事故記録には、事故の発見時点からの状況を中心に記述し、誤解をさけるために敬語等を極力排除し、時間の経過に沿って書くなど、可能な限り事実が正しく伝わるように書く必要があります（91頁参照）。

　また、事故記録を内部の職員のみならず、利用者・家族、他機関の職員とも共有することをふまえ、どのような立場の人が読んだとしても、共通理解が得られる表記を心がける必要があります。

② 共通言語と略語の使い方

　記録をケアに活かすためには、書かれている内容が、記録を読むすべての人に同じように認識されなければなりません。日本語は、曖昧な表現が特徴的な言語

であり、文末まで読まなければ意味が通じない、用語の用い方が多様である、同じ単語でも異なる状況を表す場合があるなどの特性があるため、意味が正確に伝わるようできる限り適切な用語を選んで使用する必要があります。

　読み手によって解釈が異なる状況を防ぐためには、まず職員間で使用する用語の意味について共通認識をもっておく必要があります。特に介護の現場では、カタカナ用語（外来語）や略語が多用されているため、それらの意味を共通のものにしておくことはとても大切です。

　例えば、「トランスファー」という言葉を「ベッドから車いすへの移乗のこと」と限定的に理解している職員と、「起立、歩行、移動などADL（日常生活動作）の一行為としての移乗動作」と広い意味でとらえている職員がいた場合、実際の支援に大きな違いが生じる可能性があります。また、「転倒」と「転落」の違いなどを正しく理解し、適切に使い分けていなければ、同じ記録を読んだとしても、事象を同じように認識することにはつながりません。さらに、「特変なし」「いつもどおり」などの定型句を多用していると、何がどのような状態であることが「いつもどおり」なのかが曖昧になり、その結果、状況が正確に伝わらず、後に重大な事故に発展してしまうこともあります。このように、用語を正しく理解し、適切に使用することは、利用者のケアに直接影響する重要な視点であるといえます。

　一方、記録には多くの「略語」が使われています。略語を使用することは、忙しい日常のなかで、効率よく業務を遂行する手段として決して悪いことではありません。漢字で「家族」や「看護師」と記入するよりも「Fa」「Ns」などと書いたほうが時間の節約になるのは明らかです。

　ただし、これらの用語が何を意味するのかについて、記録を目にする全員が理解しておかなければ、共通の情報にはなり得ないということを忘れてはなりません。その意味では、パート勤務など、勤務時間の短い職員や連携している他機関の専門職、利用者や家族にも略語についての共通理解を求めることが大切です。そのためには、記録の表紙の裏などに「○○園での記録略語集」などを貼っておくことも一つの方法です。また、第3章（コラム33頁参照）でも紹介しましたが、園だよりなどで、これらを特集し、家族等に対して記録への理解と関心を呼びかける取組みも効果的です。このような活動を通じて、日常的に行われているケアに対する理解を深めていくことが、施設や職員に対する信頼感にもつながります。

3 書き方の基本

事実を明確に書く

　忙しい日々を送る介護職は、ケアの記録を「短時間で要領よく」「わかりやすく」書かなければなりません。そのためには、記録の書き方の基本を身につけておくことが大切です。

　「5W1H」(いつ、どこで、だれが、何を、何のために、どのように)といわれる文章の基本を常に意識して書くことは当然ですが、相手に伝わりやすいように書くためには、適切な用語の使い方にも気を配る必要があります。さらに、その用語の意味が、書き手にも読み手にも、正確に理解されて使われているかどうかを点検する必要があります。

　また、日本語の特性から、一つの文章が長すぎると、結局何が言いたいのかわからなくなってしまうことがあります。①主語や述語を明確に書く、②句読点を適切に用いる、③必要に応じて箇条書きにする、④時系列に沿って記入するなど、事実を過不足なく正確に他者に伝える技法を身につける必要があります。

　例えば、「今日は、FさんとMさんが散歩に行くことになっていましたが、直前におなかが痛いと訴えたので、結局散歩には行きませんでした」という記録があったとします。このような書き方では、腹痛を訴えたのはだれなのか、「Fさん」や「Mさん」は利用者なのか職員なのか、家族なのかボランティアなのか、あるいは実習生なのか、二人の関係はどのようなものか、すぐには判別できません。また、そもそも一体何のためにこの記録を書いたのか、その目的についてもよくわかりません。腹痛を訴えたことが重要なのか、散歩に行かなかったことが何かを意味しているのか、もっとほかに何か意図があって書き記したのか判断できません。つまり、せっかく記録を書いても、その意図が読み手に伝わらなければ、記録をケアに活かすといった記録の目的を全く果たしていないということになってしまいます。

　記録の書き方には、叙述体、要約体、説明体などの種類があります。これらは、その時々の状況と主として何を伝えるべきかという目的に応じて組み合わせ、使いこなすことが必要です。利用者の言葉をそのまま引用したほうがわかりやすい場合には叙述体を使用し、長い時間とさまざまな関係や複雑に入り混じった状況

を端的に表現したい場合は箇条書きを交えた要約体を使用するなど、具体的な内容をふまえて使い分けることが重要です（コラム45頁参照）。

「敬語」を適切に使用する

　敬語は、相手を敬う表現手法ですが、適切に用いなければ記載内容が十分に伝わらないことがあります。最近は、日常的に正しい敬語を使用する機会が減っているためか、記録にも誤った敬語の使い方や「御利用者様」などの過剰敬語が記されることもめずらしくありません。

　介護保険制度が導入された頃から、利用者を「○○様」と呼ぶことが多くなりましたが、「様」を使用するのであれば、文章の全体が「様」にふさわしい表現になっているかどうか確認する必要があります。例えば、「H様は、まんじゅうをペロリと召し上がりました」「Y様がソファーでぼ～っとしていました」などの表現は、「様」を使用している一方で、「ペロリと」や「ぼ～っと」と記述しており、適切な表現とはいえないでしょう。このような使用方法は、利用者や家族を敬うどころか、逆に不快感を与えることにもなりかねません。記録は基本的に相手に伝えるために書くものであり、敬語の使用方法が適切であるかどうかについて検討する必要があります。

　また、介護記録には、「痛みの訴え聞かれる」「排便の訴え多く聞かれる」「声聞かれる」「出血みられる」「傷みられる」といったように「られる」という表現が非常に多く使われていることに気づきます。利用者に対する尊敬の気持ちを表現しようとしているのだと思いますが、直接的な会話や発言をそのまま書く場合を除き、「られる」を使う必要はありません。つまり、「痛みを訴えていました」「出血していました」「傷がありました」などの記述で十分です。さらに、専門用語は敬語となじまない場合が少なくありません。例えば、「全量摂取されました」は「全量摂取」だけで十分です。あるいは、「全部食べました」と書いたほうが生活感のある書き方になります。

　その他、「開眼されている」という表記も頻繁にみられますが、一般的に目を覚ましていることを「開眼している」とはいわないでしょう。「目を覚ましている」「ふだんは目を閉じていることが多いが、今日は目を開けてすごす時間が長い」などと具体的に書くことが望まれます。

よりよいケアのために書く

　介護記録には利用者の日々の生活の様子を記すことが多いですが、これは利用者に関する「個人日記」ではなく、介護の専門職による公的な文書です。監査や訴訟等においては、証拠書類として扱われることもあります。したがって、記録は、日常に起こった事象について、ただ書けばよいというわけではありません。「利用者に関する新たな発見」や「ほかの職員と共有したい情報」など、「ケアに役立つ情報」「利用者の生活課題の解決につながる情報」という視点で記録することになります。そして、これらの記録が支援の根拠となります。

　記録には、客観的な事実だけでなく、記録した職員の専門職としての「考察」や「判断」についても明確に記す必要がありますが、これらは「事実」とは区別して書きます。

尊厳を大切にする視点で書く

　利用者とかかわる際に何よりも重要なことは、利用者の人間としての尊厳を大切にする視点です。この視点は記録においても同じです。重度の認知症がある利用者でも、混乱状態の続く利用者でも、日々の生活のなかで、笑顔で過ごし、心地よさや安心感を実感していると思われる場面があると思います。また、何気ないかかわりのなかで、意外な一面や新たな可能性を発見できることがあります。

　忙しい介護の現場にいると、どうしても対応しなければならない「業務」に関する内容ばかりを記載しがちです。例えば、「失禁」「他者への暴言」「異食」といった用語ばかりが頻繁に登場する記録をよく目にします。こうした記録から想定される利用者は、一体どのような人なのでしょうか。本当に、「失禁」「暴言」「異食」ばかりしている人なのでしょうか。

　一方で、この記録を書いた職員は、「失禁に対して着替えの介助をする」「暴言があれば落ち着いてもらうために声をかける」「異食を防ぐために注意深く見守る」など、介護職として行わなければならない業務のリストを頭のなかでつくり上げ、それがもれなく行われているかどうかをチェックし、その結果を記録するだけ、という循環に陥っていることが予想されます。その結果、利用者の記録は、いわゆる「問題行動」の集積のような記録になってしまうのです。このような「業務」は、利用者の生活を支援していくうえで必要なことではありますが、このよ

うなかかわり方を続けていると、利用者一人ひとりの人間性を尊重した対応がどうしてもおろそかになり、自分でも気づかないうちに「ひたすら業務をこなすだけ」といった仕事の仕方が当たり前になってしまうと思われます。

　第三者評価のために訪問したある特養で、入居者Tさんについての1か月間(30日間)の記録を見たところ、排泄に関する記述が16回、食事に関することが6回、睡眠に関することが4回、面会など家族に関することが2回、Tさんの楽しみに関することが2回書かれていました。回数だけで単純に比較することはできませんが、それでも健康管理や生活の管理に主眼がおかれており、介護職とTさんのかかわりや家族とのかかわり、Tさんの楽しみに関する記述が極端に少ないことは明らかです。

　実際には、介護職と利用者の間には、記録には書かれていない多くのかかわりがあります。日々の介護を通じて、お互いにやさしさや温かさを感じ合い、一緒に笑うなどの楽しい体験を共有しています。したがって、そのような場面を記録に残していくことによって、利用者を敬い、その生活を支える介護を行っているということを家族などに伝えることができます。

　繰り返しになりますが、多くの施設では、排泄やバイタルサインに関する記録が多く、どうしても精神的な支援、人とのかかわり、暮らし方などについての記録を省いてしまう傾向があります。しかし、身体状況に関する記録ばかりでは、例えば家族が記録を読んだときに、本人はどのように暮らしているのか、職員がどのように接しているのか、楽しく、喜びのある生活を送っているのかなどを伝えることはできません。むしろ「排泄の介護しかしていない」と誤解してしまうかもしれません。今後、記録が果たす大きな役割の一つとして、「記録から生活がイメージできること」「職員の温かい支えやケアを感じることができること」が重視されてくると思われます。

「特変なし」「様子観察」などの定型句

　さらに、介護記録で最も多い「特変なし」と「様子観察」の二つの表現について考える必要があります。「特変なし」は、「特別な変化はなかった」という結果ですので、何について、なぜ「特変なし」と判断したのかという理由(根拠)を示す必要があります。つまり「体温36.2℃、血圧122/67、脈拍70～80/分で特変

なし」などと書くことではじめて、ケアに活かすことのできる情報になります。また、「様子観察」については、何の様子をなぜ、どのくらいの期間にわたり観察するのか、どのような点に留意するのかを示すことが求められます。

　利用者個々の状況に応じた支援の状況、家族も知らなかったような新たな一面の発見などは、日常の生活をともに過ごしている介護職だからこそ知り得ることです。たとえ言葉による会話がなくても利用者を尊重した温かいまなざしを感じさせる対応や利用者のことを考え抜き、カンファレンス（サービス担当者会議）で何度も議論を重ね、さまざまな試行錯誤を繰り返した経過などを記録に記していくことが利用者や家族との信頼関係の構築につながり、よりよい支援関係の形成に寄与します。

　記録は、口頭による説明以上に、人の心を動かし、安心させ、また説得力をもつことがあります。

記録に関するプライバシーを尊重する

　2005（平成17）年に「個人情報の保護に関する法律」（以下、個人情報保護法）が全面的に施行されて以降、プライバシー保護に関する関心が高まってきました。介護記録についても例外ではありません。

　個人情報保護法については第2章（18頁参照）でふれましたが、「記録の秘密保持や制限（ケアに限定した内容のみを収集・保持すること等）」、「個人を特定できないようにする工夫」や「本人に承諾を得る必要性」が認識されつつあります。しかし生活の支援は、個人情報なくしては成り立たない仕事であり、個人情報保護に対する過剰な意識が業務に混乱をもたらすこともあります。

　例えば、「ほかの利用者を叩いたり、髪を引っ張るなどの行為をした利用者の実名を記録に書いてもよいのか」「利用者に『だれにも言わないで』と念を押された事項を記録してもよいのか」という質問を受けることがあります。このような疑問は、「記録は利用者のよりよいケアのために書く」という基本原則に立ち帰って考えます。

　前者の場合、ほかの利用者に危害を加えた事実を書かず、そのまま放置することは、被害を受けた利用者はもとより、危害を加えてしまった利用者にとっても「よいこと」とはいえないでしょう。そのような行為には、なんらかの背景があ

ることが考えられます。可能な限り事実の原因を追及し、お互いが安心して生活できる環境をつくることが求められます。このように考えると、実名を書くのか匿名にするのかで悩むよりも、なぜそのような行為が起こったのかという経過や日頃のお互いの関係性などに着目した記述に注意を注ぐことが重要になります。

また、後者のように利用者に「だれにも言わないで」と言われたことを秘密にしておくことはもちろん重要ですが、その内容によっては、職員全員が共通認識をもって対応にあたらなければならないこともあるため、利用者の同意を得ながら職員相互に情報を共有していく工夫が求められます。

この問題は、利用者自身について書かれた記録を本人に開示するという「記録へのアクセス権」の問題とも関係してきます。「記録へのアクセス」とは、「情報開示」とほぼ同義語的に使用されるものです。アクセス権については、第2章(19頁参照)でも少しふれましたが、記録が利用者のために書かれるのであれば、利用者自身にこそ自らの記録へのアクセス権があり、情報をコントロールする権利があります。

一方で、多くの利用者が共同で生活したり、集団でサービスを利用する介護サービス事業所においては、記録の開示についても、一定の要綱を作成し、それに沿った開示方法を定める等の手続が必要になります。つまり記録の閲覧や情報公開に関する使用目的、開示できる部分とできない部分、ほかの利用者のプライバシー保護などを具体的に定めておくことが必要であり、その結果、すべての利用者のプライバシー保護に努める必要があります。また、このような要綱を定める過程で、職員は「どのような要綱であれば、利用者がアクセスしやすいだろうか」「どうすれば利用者が気持ちよく利用できるだろうか」と自問自答することになりますが、このような問いかけこそが、利用者を中心においたケアを実現するための近道といえるのではないでしょうか。

Column ▶叙述体、要約体、説明体

　記録を書く際は、どのような方法（構成／文体）で記述すれば、最も内容が伝わるのかについても考慮する必要があります。典型的な記録方法には、以下のようなものがあります。

1 **叙述体**：叙述体とは、時間的順序に従って、利用者の状況の変化や援助内容等を記録していく方法です。このような方法で記述をしていくと、過去から時間の流れに応じて、何がどのように変化したのかがわかるとともに、どの時点で何が行われたのか、いつ誰がどのような行為をしたのかなどが明確になります。したがって、事実の前後関係が明確になり、事象の要因分析や対応の妥当性の検証の手がかりが得られます。

　なお、叙述体は、援助内容全体を短くまとめる「圧縮叙述体」と、援助の展開過程に重点をおき、利用者とのコミュニケーションを詳しく書き留める「過程叙述体」に分類されます。さらに、日付順に残される記録を「過程記録」、援助過程で交わされる会話内容などを詳細に記録したものを「逐語記録」と呼びます。

2 **要約体**：要約体は、利用者に対する援助内容などを項目ごとに整理してまとめるもので、全体像や要点を理解するのに有効です。この記述方法は、介護職（書き手）の思考を通過して再整理したもので、介護職の着眼点を明確にできるという特徴があります。必要な項目別に抽出して整理する方法であることから、生活歴の記録、アセスメントの要約、各種報告書などによく用いられます。

3 **説明体**：説明体は、事実に加えて、支援の過程で起こるさまざまな事象に対する介護職の解釈や考察を記録したものです。記録のなかには、事実としての言葉や行為なのか、事実に対する解釈や意見なのか区別しにくいものも見受けられますが、「事実」と「事実に対する解釈／考察」は区別して書くことが重要になります。

　実際の記録を書くにあたっては、これらの特徴を理解し、それぞれの記録の用途に応じて使い分け、また適宜組み合わせて用いることが求められます。

●参考文献
黒木保博・山辺朗子・倉石哲也編著『福祉キーワードシリーズ ソーシャルワーク』中央法規出版、2002年

Column ▶敬語の使い方

敬語は、相手に対して敬意を表すために用います。

記録によくみられる例から、「正しい敬語」の使い方を学びましょう。

1　過剰敬語は使わない

「Aさんは、おやつをお召し上がりになられました」
　　　　　　　　　　①　②　　　　③

上記の文章では、「お」「召し上がる」「られる」の3か所に敬語が使われています。「一つの文章に敬語は一つ」というのが正しい使い方です。つまり上記の文章は、「おやつを召し上がりました」と書くのが正しい表現といえます。

2　事故・ヒヤリハットの報告では、敬語は使わない

敬語は人を敬い、遠まわしに伝えるという役割をもっているため、使い方によっては主旨が伝わりにくくなります。したがって、事故やヒヤリハットの報告にはふさわしくないといえるでしょう。

3　丁寧語、尊敬語、謙譲語の使い方を学ぶ

利用者との会話や直接的なかかわりを表現する場合は敬語を使っても構いませんが、職員間の連絡や伝達、観察結果などを記述する場合は敬語を使う必要はありません。使うとしても丁寧語程度でよいと思います。

敬語の使い方の例

日常語	丁寧語	尊敬語	謙譲語
する	します	される、なさる	いたす
言う	言います	おっしゃる	申し上げる
聞く	聞きます	お聞きになる	拝聴する、うかがう
行く	行きます	行かれる	参る、うかがう
会う	会います	お会いになる	お目にかかる
読む	読みます	読まれる	拝読する
食べる	食べます	召し上がる	いただく

第5章 生活場面でみる書き方のポイント

　介護の現場では、これまで「記録」の意義や目的、必要性について学ぶ機会がほとんどありませんでした。介護職からは「何をどのように書いたらよいのかわからない」といった声も聞かれます。そこで第5章では、「食事」「入浴」「日中の様子」など具体的な生活場面ごとに事例を取り上げ、「目的」「観察や記録のポイント」「よりよい記録の例」などを学びます。自分たちの書いた記録と比較してみてください。

　新人として入職したばかりの頃は、「何をどのように書いたらよいかわからない」「記録を書く時間がとれない」という状況に陥り、そのために記録を書くことに対して苦手意識をもち、敬遠する傾向が見受けられます。特に人とのかかわりを求め、具体的な支援をしたいという熱意をもって就職した新人介護職にとっては、入居者との直接的なかかわり合いではない「記録」に多大な時間を費やす意味が理解できないことも多いでしょう。

　しかし、そうなると支援に必要な情報を記録として蓄積することができず、場当たり的なケアが続くことになってしまいます。その結果、記録の意義や目的が理解されることもなく、ケアの質も向上しないという悪循環が続いてしまいます。

　これまで介護の現場では、どうしても現実に差し迫った入居者への対応が優先され、記録の意義や目的、必要性などに関する体系的な教育が行われてこなかったという経緯があります。そのようななかで、介護職の記録に対する苦手意識が助長されてしまったと考えられます。しかし、これまで述べてきたように、介護や福祉の現場における記録は、今後ますます重要性が増すものであり、よりよいケアを実現するためにも、記録に関する研修を行う必要があります。

　記録に関する職員研修は、まず、記録の目的を理解し、次に、何をどのように書いたらよいのか、「よりよい記録の例」を実際に起こり得る場面を想定して示すことが効果的です。例えば、「妄想がある」「不穏状態である」などの表現は「入

居者の行為を問題行動としてとらえてしまっている」として、記述を避ける傾向にあります。しかし、だからといって、「妄想」や「不穏状態」の具体的内容を記録に書かなければ、入居者のおかれている状況や生活上の課題を正しく理解できません。また、入居者の困りごとも解決できません。では、このような場合、実際にどのように記録すればよいのでしょうか。

　入居者の「妄想」に起因していると思われる言動と介護職のかかわりを記した記録をみてみましょう。

事例5-1　大きな声

2：15
　大きな声がしたので訪室。「今、あっちでだれかが呼んでいるので連れていって」と、ややきつい口調で話す。夜中であることを伝えると「そんなはずはない！」「あんたは意地悪だ！」と興奮気味になる。車いすでスタッフルームにお連れするが、しばらく大きな声をあげ続けていた。1時間ほどで落ち着いたので、ベッドに戻ると、「もう寝るよ」と言って眼を閉じた。

事例5-2　釘を抜いて！

23：35
　ベッドでの排泄介助の際、「お尻に釘がささっているので、抜いて。痛くて、痛くて眠れない…」と言う。「この釘ですか」「うん、それそれ」「こんな太い釘だったら痛いでしょうね。よく我慢されましたね」「女は我慢、だからね」「では、抜きますよ。よっこらしょ。ほら抜けましたよ！」「ああサッパリした。よかった、これで眠れるよ」と布団を引き上げ、目を閉じる。

事例5-3 蛇がいる！

4：55
「だれか来て！」との叫び声がしたので、部屋に向かう。「どうしましたか」と尋ねると「今、蛇が向こうに逃げていったの…」と必死の形相でおっしゃる。「夢をみたのでしょう。もう一度、眠りませんか」と促すと、「いや。気持ちが悪いから、追っ払ってちょうだい！」と興奮気味に、布団をまくったり押さえたりしながら落ち着かない様子。「もう逃げてしまったみたいですね。見当たりませんよ」「また来たらどうしよう…」「その時はまた呼んでください。すぐに駆けつけますから」「お願いね」と少し落ち着いた様子だったので、退室する。

「妄想」によって引き起こされたと考えられる言動に対して、単に「妄想がある」と記述するのではなく、入居者の発した言葉や介護職とのやりとりをそのまま記録することが、ほかの職員にとって対応の参考になるばかりでなく、精神科医等の診断を受ける際にも有効な判断材料となります。

第5章では、入居時、食事、入浴、排泄、日中の様子、夜間の様子、ターミナル期、事故といった生活のさまざまな場面を取り上げ、記録の目的、観察＋記録のポイント、チームケアのポイント、よりよい記録の例、記録の際のワンポイントアドバイスを紹介します。

① 入居時の記録

1　目的

　入居時の記録は、入居者や家族の気持ち（不安、とまどい、希望など）を受け止め、今後の支援の方針を検討したり、これまでの生活を知ることを目的としています。また、施設サービス計画の作成や見直しの際に、入居当初の状況を知り、入居後の入居者の状況の変化を把握する際の手がかりとなります。

2　観察＋記録のポイント

　入居時は、次のような点を観察し、記録するとよいでしょう。

* 入居者と家族との関係
* 入居者の表情、言葉かけに対する反応（どのようなときにどのような表情をしているか）
* 入居者や家族の不安やとまどい
* 不安やとまどいを軽減する方法
* 入居者や家族が今後の生活に望んでいること
* 事前情報とは異なると思われる点

　また、入居直後は、生活全般について細かく観察し、気づいた点を記録する必要があります。

* 生活全般について本人のできることや支援が必要なこと
* 夜間の不安（よく眠れているか）
* 居室の居心地のよさにつながること
* 入居者同士の関係
* 不安感、孤独感、とまどいを感じていること
* 環境の変化への適応状況
* 生活習慣（生活のなかで大切にしていること）
* その他、心配ごとや配慮が必要なこと

3　チームケアのポイント

　入居して間もない期間は、どんなに小さなことでも毎日、情報交換し、職員の間で入居者の状況、入居者同士、入居者と職員の関係性などを把握し、支援の具体的方法の検討に役立てることが重要です。また、家族への情報提供と家族からの情報収集を丁寧に行い、関係性を築いていきます。

事例5-4　入居時の対応

> だれと一緒だったのか、どのような手段で来たのかを書く

> どのように対応するのかを具体的に書く

A施設より入居される。健康状態はフェイスシートを参照。環境の変化に要注意。本人より訴えがあったら、その都度、対応することとする。帰宅願望があるときは「今日は泊まっていったら」と思いとどまらせる。

> 何に注意するのかを具体的に書く

> 訴えがなくても不安そうにしていたり、とまどっていたりしたら対応が必要

> 「思いとどまらせる」などの指示的な対応は、逆効果になることがある。表現としても不適切

●よりよい記録の例

＜本日より利用始まる＞

10：30

　長男（キーパーソン）ご夫婦に付き添われ、A介護老人保健施設より車で直接来園される。健康状態は事前情報と変わらないため、フェイスシートを参照のこと。生活環境が変化したことからさまざまな不安やとまどいに対する訴え、居室、食堂、トイレの場所がわからないことによる混乱や事故などが予想される。訴えに対しては、受容、傾聴を基本として対応し、不安そうな表情や行動がみられたら声をかけてしばらくそばにいるようにする。「家に帰りたい」とおっしゃる場合には、「今日は泊まっていかれてはどうですか」と声をかけ、その時の言動や対応を丁寧に記録しておくこととする。

　ご本人は少し不安そうな表情を見せていたので、すぐに近づいてあいさつをすると「よろしくお願いします」と小さい声ながらしっかりとした口調で答えた。

> **One Point** ワンポイントアドバイス
>
> 　入居時は、入居者・家族、介護職ともにお互いの情報が十分にありません。だからこそ、予想される事象に対し、具体的な観察事項や対応方法などを確認して記録し、介護職間、他職種間の共通理解を図る必要があります。また、慣れない環境におかれた入居者にとっては、すべてのことに不安を感じるものです。その不安やとまどいを少しずつ軽減し、安心した生活を送っていただくための具体的な支援策を検討するためにも、丁寧に情報収集を行い、記録していくことが重要です。

2 食事の記録

1 目的

　食事の記録は、栄養のバランスや口腔・嚥下機能などの日常の健康状態を把握する、急に体調を崩した場合の原因を知る手がかりや誤嚥などの事故を防ぐといった目的があります。さらに、記録によって、入居者の好きな食べ物、苦手な食べ物を把握し、食べる楽しみや喜びにつながるような支援の可能性を探ります。

　一方、食事に関する記録は、特養などで取り組まれている「栄養ケア・マネジメント」に必要な情報提供の機能も果たしています。

2 観察＋記録のポイント

　食事の際は、次のような点を観察し、記録するとよいでしょう。

- ＊ 食欲、食事に対する興味、食べ方、表情、周囲の人とのかかわり
- ＊ 健康状態：服薬中の薬の影響や体調不良の有無、食事制限等の有無
- ＊ 身体状況：麻痺や筋力低下の有無、口元に食べ物を運ぶ機能の状況（手のふるえ、食べこぼしなど）
- ＊ 口腔内の状態：口腔内の炎症の有無、義歯の適合、口腔内の汚れの有無（汚れによる味覚の低下が食欲に影響を与えていないか）
- ＊ 嚥下機能：嚥下機能の低下の有無（老化が進んでいる可能性、病状の進行の可能性など）、むせの有無、口腔内への食べ物のためこみの有無
- ＊ 食事形態：食べ物の形態の適切性
- ＊ 好み：好きな食べ物、苦手な食べ物（味付け、固さ）、盛り付け、色、香り、食事に関する生活歴など
- ＊ 介護技術：介助の方法、順序、声のかけ方、介助の際の留意点、周囲とのコミュニケーションの有無など
- ＊ 環境(使用する用具等を含む)への配慮：姿勢、テーブルやいすの高さ、使用する用具の適切性、食卓の雰囲気など

3　チームケアのポイント

　食事は生活の基本にかかわることです。食事の場面で気づいた点は必ず記録し、支援の内容や方法について変更したほうがよいと思われることについては、施設サービス計画の見直しの必要性を含めて検討するようにしましょう。例えば、適切な食器、よりよい介助方法や姿勢など改善すべき事項に気づいたら、速やかにカンファレンスを行えるように準備し、QOL（生活の質）やADL（日常生活動作）の低下を防ぐようにします。

　食事に対する意見や要望（好みの味付け、別々のお皿に盛ってほしいなど）については、栄養士にも伝え、速やかに対応するようにしましょう。また、健康状態について気になった点や口腔・嚥下機能については看護師などの医療関係者に情報提供し、病状の悪化やADLの低下を防ぐことが大切です。介護職の「気づき」とチームケアにより、誤嚥などの事故を未然に防ぐこともできます。

事例5-5　夕食延食

> 推測ではなく、客観的な事実・状況を書く

> どの段階で手が止まったのか、初めから手をつけないのか、途中からなのかを明確に書く

> どのような問いかけをしたのか、具体的に書く

18：30　夕食時、食が進まない様子で手が止まっている。理由をおうかがいしたが、ただ首を振るばかり。延食とし、様子観察とする。

> どの程度の時間なのかを書く。長時間の延食は、衛生上問題が生じるので注意が必要

> ほかの症状、変化の有無を必ず観察し、記載する。何をいつまで観察するのかを明記する

●よりよい記録の例

＜夕食延食＞

18：30

　いつもと変わりなく食事を始めたが、5分ほどすると、お膳の箸を手にしたままぼんやりとしているのに気づく。「どうしたのですか」「食べたくないのですか」とおうかがいしたが、返答はなく、ただ首を横に振るばかり。「嫌いなおかずでしたか」「どこか具合の悪いところはありませんか」という問いかけにも答えはない。顔色もよく、特に痛みや体調の悪さもないとのことなので、無理強いせずに延食とし、顔色や表情など様子をみることとする。1時間後の様子によって、食事または補食などを考えることとする。

One Point ワンポイントアドバイス

　入居者の食事の摂り方に変化がある場合は、以下のような視点でのアセスメントを行い、要因を探り、明確に記録することが必要です。

- ●食べたくないのか
  - ・始めからなのか
    - → 身体的な要因があるのか（病気の前駆症状の場合がある）
    - → 心理的な要因があるのか
  - ・途中からなのか
    - → おいしくないのか
    - → 嫌いな食べ物なのか
    - → 身体的な要因があるのか

- ●食べたいのに食べられないのか
  - ・倦怠感があるのか
  - ・集中できないのか
    - →周囲の環境によるのか
      （落ち着いて食事ができる環境にあったか、大きな声や騒がしいテレビの音がなかったかなど）
    - →いすやテーブルの高さは適切か
      （座位姿勢を保つことができているか、高さや固さが身体に合っているかなど）
  - ・身体的な要因があるのか
    - →腸の調子（下痢、便秘など）
    - →身体の痛み、かゆみ、違和感など
    - →口腔内の変化（義歯の適合、口内炎の有無など）

事例5-6 おやつ

10：00　おやつにりんごジュースをお出ししたが、ストローでは飲みにくいようで時間がかかっていたため、カップに入れて差し上げた。

- これまではストローで飲むことができていたのかどうかを書く
- どの程度の時間なのか、具体的に書く
- その結果がどうだったのかを具体的に書く

●よりよい記録の例

＜飲み物はストローよりもカップで＞
10：00
　りんごジュース（200cc）をいつものようにストローで飲んでいたが、20分ほど経っても3分の2以上飲み終わっていなかった。「残されますか」とお聞きしたところ、首を横に振り、グラスを引き寄せた。吸い込む力がないのか、吸い込む要領がわからないのか不明だったが、試しにカップに入れてお勧めすると、カップを手にしてスムーズに飲むことができた。今後は飲み物をカップでお出しすることとする。

One Point ワンポイントアドバイス

　加齢や疾病の後遺症などにより、吸い込む力が衰えることがあります。また、認知症の症状の進行により、「吸い込む」ということの認識ができなくなる場合もあります。そのような場合に、飲み物をカップやお椀に入れて提供すると、スムーズに飲むことができることもあるので、試してみることが大切です。
　なお、この事例のように支援方法を変更した場合は、その結果を記録に残して、情報の共有化を図り、一貫性のあるケアを提供できるようにします。単なる「思いつき」「場当たり的」なケアにならないよう、記録をケアに活かす視点が大切です。

事例5-7　食事時の体調急変

- どの時点なのかを具体的に書く
- 訴えの内容を具体的に書く
- だれの判断なのかを明記する

朝食時、胸痛の訴えあり、摂取を中止。
BP132/84、P68、SPO₂90％、臥床していただく。

↓ その理由を書く

●よりよい記録の例

＜体調急変＞

7：45

　朝食時、席に着いた直後に「胸が痛い」との訴えあり。

　BP（血圧）132/84

　P（脈拍）68　不整なし

　SPO₂（動脈血酸素飽和度）90％

　顔色はよく、言葉もはっきりしている。胸の痛みは初めてで、急に痛くなったというので、介護リーダーと相談のうえ朝食は看護師が出勤するまで延食対応とする。居室に誘導し、ベッドに臥床して、安静にしていただく。

One Point　ワンポイントアドバイス

入居者が、身体の不調や違和感（何となくいつもと違うなど）を訴えたときは、思わぬ大きな病気が潜んでいる場合もあります。必ずバイタルサインのチェックを行い、顔色、その他の症状の有無を確認し、記録しておきます。

事例5-8　嘔吐

> この記録では、嘔吐かどうか判断できない。見出しのつけ方に注意

> その後の対応を具体的に書く

7：45　半量ほど召し上がった時点で、「出したい」との訴えがあり、ふた口ほど出される。気分不快なし。

> 食事の形体を明記する

> 「嘔吐」か「吐き出し」なのかを明確に書く。また、何を出したのかを具体的に書く。嘔吐の場合、胃部の不快感を伴うことがあるので、確実に観察することで、嘔吐か否か判断できる

●よりよい記録の例

＜朝食の中断＞

7：45

　朝食（普通食）中に隣にいた職員に「出したい」と訴える。周囲に配慮しながらガーグルベースをお渡しすると、副菜と思われるものをふた口ほど舌で押し出す。胃部の不快感や体調の変化はないとのことなので、うがいをしていただいた。再度、食事を勧めたところ「少し固くて…。もういいです」とのことだったので、居室に戻り休んでもらうこととした。原因として、副菜の筑前煮が固かったことが考えられる。栄養士と看護師に報告することとする。

One Point　ワンポイントアドバイス

　嘔吐した場合、吐物の内容で、その後の医療的な対応が必要か否かの判断の目安となることがあります。食物が混じっている場合は、その消化の程度、色、血液の混入の有無、におい等を具体的に記録しておくことが大切です。

Column ▶食事を楽しむ工夫

　日本の食文化は「五感で楽しむ」といわれます。味付けだけではなく、料理の香りや彩り、食卓を飾る季節の花や食器の色、形、鍋料理などで食物がぐつぐつと煮える音やBGM（バックグラウンドミュージック）などで、食事の時間を楽しめるように工夫してみましょう。

　多くの費用をかけなくても、旬の野菜を添えるだけで、季節を感じ、食事の時間を豊かに過ごすことができます。食卓に、庭に咲いている花や紅葉した葉を飾ることも一つのアイデアです。

　このような工夫をしたときの入居者の様子や表情、入居者同士のコミュニケーションについては、記録にとどめ、生活のほかの場面にも役立てるとよいでしょう。

③ 入浴の記録

1 目的

　入浴には、体を清潔に保つほか、血液の循環をよくしたり、気分転換やリラックスにつながるなど、さまざまな効果があります。また一方で、体調の変化を把握し、リスクマネジメントをきちんと行わなければ重大な事故に至る可能性もあります。入居者の楽しみにつながるような入浴を実現するためにも入浴の記録は重要な役割を果たしています。

2 観察＋記録のポイント

　入浴の際は、次のような点を観察し、記録するとよいでしょう。

* 入浴に対する意欲
* 入浴前後の体調や気分：バイタルサイン、顔色、動作など
* 室温（着脱室、浴室）、湯温
* 着脱室・浴室の環境：衛生面、散らかり具合など
* 着脱動作：経過時間（通常通り、いつもより時間がかかっている）、着脱の手伝いの必要性など
* 身体状況の変化：皮膚や爪の状態、入浴中の体調不良など
* 入浴動作：身体機能の低下の有無、体力的な負担の有無、浴室までおよび入浴後の誘導などにおける負担の有無など
* 入浴形態：入居者の状態・意向・好みとの適合性
* "特別なお風呂"の様子：菖蒲湯、ゆず湯、ハーブ湯、温泉湯などを楽しんだ様子など
* 介護技術：プライバシーへの配慮、楽しくリラックスできるようなコミュニケーションの有無
* 入浴後の水分補給の状況：量、内容、時間など

3　チームケアのポイント

　皮膚の状態で気になる症状（発赤、内出血など）があった場合は、部位、大きさ、形状などを記録し、介護リーダーや看護師に報告します。

　また、入浴中の会話から、入居者の支援に役立つ情報を得ることができた場合や、普段は積極的に入浴しない入居者が、何かのきっかけで気持ちよく入ることができた場合などは、記録するとともにミーティングや申し送りの際に報告します。ほかの職員と情報を共有することで、よりよい入浴ケアにつなげることができます。

事例5-9　入浴を嫌がる

【具体的な時間を書く】

【なぜ嫌がっているのか、入浴の何が嫌なのか等、本人の言動を交えてできるだけ具体的に書く】

入浴の時間になったので、お部屋に行き「入浴しましょう。お迎えにきました」と声をかけるが、「嫌なものはイヤ。行きません！」と強く拒否する。

【入浴を強要するのではなく、本人の意向を尊重しながら働きかけている様子や、清潔保持のために行っている事項を具体的に書く】

【「拒否」は、介護する者の立場からみた表現である。適切な表現を検討する】

●よりよい記録の例

＜着脱室までスムーズに誘導＞

14：30

　「お風呂が沸きましたよ」とお誘いすると、「あら、そう？」と嫌がる様子はみられなかった。「一緒に行きましょうか」と浴室の入口まで歩いて来たところ、着脱室の前で立ち止まった。「あんなに大勢さんがいて…」「何でもかんでも一緒くたにして…」などと言い、そこから先は、一歩も動こうとしない。しかし、今までは着脱室にすら来ていただけなかったのが、今日は着脱室まで来ることができたので一歩前進。着脱室の雰囲気が落ち着かない気分にさせるのかもしれない。明日は、着脱室に人が少ない時にお誘いしてみることとする。

One Point ワンポイントアドバイス

　「入浴しましょう」という声かけは、日常生活では使いません。施設では当たり前と思っている声のかけ方が、入居者にスムーズに受け入れられない要因となることもあります。

　また、この事例では、「お風呂が沸きましたよ」という声かけには抵抗がなかったのに、なぜ着脱室の前で止まってしまったのかについて、本人の言動をもとに再度アセスメントする必要があります。「あんなに大勢さんがいて…」「何でもかんでも一緒くたにして…」という言葉からも推測されるように、大勢で入浴することや衣類をほかの人のものと一緒にされることを気にする入居者もいます。入浴の時間をずらしたり、個人別の脱衣籠を用意するなどの工夫をしてみることも必要です。

　なお、入浴しない日や何らかの理由で入浴できない日は、どのように対応したのか、代替の内容を忘れずに記録するようにしましょう。

事例5-10　入浴時に発赤発見

　　　　　　　大きさ、形状等を具体的に書く
　　　　　　　　　　　↓
入浴介助中、仙骨部に発赤があるのを発見。看護師に報告する。
　　　　　　　　　　　↑
　　　　痛みやかゆみ、腫れや熱感の有無等を
　　　　具体的に書く

●よりよい記録の例

＜仙骨部に発赤＞

15：00

　入浴介助中、仙骨部にピンポン球程度の発赤があるのを発見。痛みやかゆみの有無をうかがったがいずれもないとのこと。腫れや熱感もなし。記録（人体図のチェックリスト）とともに看護師と介護リーダーに報告。いつからできていたものか調べる必要あり。

One Point ワンポイントアドバイス

　入浴は、全身の皮膚の状態を観察するよい機会となります。人体図（表裏）が書かれた皮膚状態のチェックリスト等を入居者ごとに用意し、変化に気づいたら記入し、看護師や介護リーダーに報告するなど、適切な対応をとることで、大きな病気を未然に防ぎ、その後の対応をスムーズに行うことができます。

Column ▶足浴のすすめ

　足浴には、ラベンダー、カモミールなどのハーブが適しています。お湯は、くるぶしのうえ3～4cmくらいまで入れます。足浴は、足のむくみの解消、血流の改善、血管の老化抑制、皮膚代謝の促進などに効果があります。また、不眠にも効果があるといわれていますので、試してみてはいかがでしょうか。

4 排泄の記録

1 目的

　排泄は、人間の尊厳に深くかかわるものです。排尿・排便の時間や動作の記録から、排泄リズムを把握し、適切な声かけや誘導を行うことによって、自立につながる可能性があります。また、尿や便の色、量、性状、におい等を把握することは、入居者の体調や薬の影響を知る手がかりになるほか、疾病の早期発見につながることもあります。

　排泄に関する記録においては、特にプライバシーへの十分な配慮が必要です。

2 観察＋記録のポイント

　排泄については、次の点を観察し、記録するとよいでしょう。

- ＊ 尿意・便意の有無
- ＊ 排泄物の有無、量、色、性状、におい
- ＊ 心身の機能低下の有無や皮膚の状態
- ＊ 排泄に対する希望：困りごと、悩みごとなど
- ＊ 誘導方法：トイレに行くことを促す際の声かけの工夫や声の大きさ、周囲への配慮、トイレに行きたがらない入居者に関する誘導の際の会話や移動の介助方法の工夫など
- ＊ 便秘が続いている期間
- ＊ 服薬の状況
- ＊ 薬を使って排便を促している場合の精神的・身体的症状：排便前の症状や訴えなど
- ＊ トイレの環境：人の声が聞こえる、他人がカーテンを開けるなど落ち着かない要因の有無、トイレの手すりの位置、においの有無、排泄物の処理に対する衛生的配慮など
- ＊ おむつの種類：種類や大きさの適切性、不快感などの有無
- ＊ 排泄前後の様子：何となく落ち着きがないなど
- ＊ 介護技術：排泄介助の方法の適切性、自然排便のための試みの実施状況

（繊維食物を増やす、水分を増やす、腸の運動を促すマッサージ、運動の増加など）、プライバシーへの配慮、夜間など人手が少ない場合の配慮、排泄介助の手順の徹底など

3 チームケアのポイント

　入居者の行動や動作から、尿意や便意のサインを読み取ることができないかどうか丁寧に観察し、声のかけ方などを工夫してトイレに誘導するなど、試行を重ねることで自然排泄や自立支援につながります。入居者自身にも、おむつよりもトイレで排泄するほうが快適であることを感覚で確認してもらうことが大切です。

　また、異性による介護はできるだけ避けるなど羞恥心への配慮が必要です。

　便秘が続いた場合は、緩下剤の使用や浣腸薬の処置は最終的な手段と考え、入居者の意向を把握しながら、まずは、食べ物や水分で工夫していくことが大切です。若い頃から便秘をしがちな人などは、本人なりの整腸法があることもあります。入居者や家族から情報を得て、看護師、栄養士等と連携し、できるだけ自然に排便できるよう支援しましょう。

事例5-11　排便

| 具体的な時間を書く | そのときの本人の様子を記録する |

便臭があり、トイレに誘導。リハビリパンツ内排便多量（＋）。交換する。

| どのような状況で把握したのかを書く | 何を交換したのかを明らかにする。衣服も交換したのであれば加筆する |

●よりよい記録の例

＜排便あり＞

8：50

　廊下ですれ違った際に便臭がするので、トイレにお誘いする。確認すると、リハビリパンツ内に普通便が多量にあり、リハビリパンツを交換する。衣服の汚れはみられなかったため汚れた部分の清拭を行うと、「あーさっぱりした」とほっとされた様子。

　昨夕、緩下剤を服用しており、その反応便で、トイレに間に合わなかったと思われる。緩下剤服用後のトイレ誘導のタイミングを検討する必要がある。

One Point ワンポイントアドバイス

　下着やおむつの種類は、排泄の自立度や本人の希望等を確認しながら選択することが基本です。この事例のようにリハビリパンツを使用しているとすれば、普段は尿・便などの失禁はみられないと想定されるため、事実だけの記録ではなく、なぜ失禁したのか、その原因と対応策を考え、記録する必要があります。

　また、いつ失禁したのか、緩下剤の服用時間と反応時間などを記録することで、トイレへの誘導のタイミングを検討することができます。

事例5-12　排泄介助

介助時の様子を具体的に書く ▼

いきなりこのような言葉が出たのだろうか。事前の状況や会話も記載する ▼

排泄介助をしようとすると、「早くしてよ！」ととても不機嫌な様子。幸い排尿がなかったため、さっと閉じて退室する。

▲ だれにとっての「幸い」なのか。表現が不適切

▲ 人間的な視点に欠けている。表現が不適切

●よりよい記録の例

＜排泄介助時の様子＞

2：30

　定時の排泄介助にうかがうと、布団に顔を埋めるようにしてぐっすりと眠っていた。声をかけながら布団を持ち上げると、驚いた様子で「何をするのよ！」と大きな声を出し、起き上がろうとした。おむつ交換であることを告げると「早くしてよ！」と声を荒げ、不機嫌な様子であった。排尿がないことを確認後、手早く衣服を整え「終わりましたよ」と声をかけると、頷いて布団を被るように引き上げた。

One Point ワンポイントアドバイス

　介助を行う際の声のかけ方が不十分だと、いわゆる「介護を嫌がる」という状況になることがあります。特に排泄介助は、羞恥心に配慮した対応を心がけ、言葉を選んで声をかける必要があります。また、夜間帯の排泄については、睡眠を妨げたり、驚かしたりすることがないように、排泄パターンのアセスメントを行ったうえで、介助方法を工夫することも必要です。排泄のパターンは、5日から1週間程度の期間において、定時のおむつ交換時の排泄の有無、量、入居者の言動などを集中的に記録することで見えてきます。

事例5-13 トイレ誘導

トイレ誘導を行うも失禁（＋）。交換する。

- いつ、どのようなタイミングで誘導したのかを書く
- 量や色、性状を具体的に書く
- 何を交換したのか具体的に書く。本人の様子についても記述する

● よりよい記録の例

＜トイレ誘導に失敗＞

9：00
　そろそろ排尿のタイミングなので姿を探したところ、廊下のベンチに座っていた。近づいてトイレにお誘いしたが、すでにズボンが濡れていた。トイレにお連れして清拭を行い、下着、ズボンを交換する。本人は、「便所がどこにあるのかわかんなかったんだよ」と言う。少し前に廊下を歩いていたので、そのときにトイレを探していたものと思われる。
　誘導のタイミングの再検討と場所の確認が容易にできるような表示方法を検討する必要がある。

One Point　ワンポイントアドバイス

　入居者一人ひとりの排泄リズムを把握し、それに応じた支援を行うことは、短期間ではなかなかむずかしいことです。また、一人の介護職だけでできることでもありません。

　この事例のようにトイレへの誘導がうまくいかない場合もありますが、入居者の様子を丁寧に観察したり、言葉のかけ方を工夫したりすることによって、タイミングよく誘導できる場合もあります。これらの試行錯誤の状況とその結果を丁寧に記録し、それを活かして次の試行につなげていくことが、複数の人がかかわるケアの質を高め、よりよいケアを可能にします。

Column ▶人間の尊厳に深くかかわる支援

　「他人に排泄の世話をしてもらいたい」と思っている人はほとんどいないのではないでしょうか。排泄は、人間の尊厳に深くかかわることであり、その介助を行う際には、羞恥心への配慮、プライバシーの尊重を基本に、専門的な視点と工夫により、人間らしい生き方を支援することが大切です。

　例えば、「おむつ交換をしますよ」「トイレにいきませんか」と声をかけるよりも「さっぱりしませんか」とそっと声をかけたほうがよい方もいらっしゃるでしょう。また、居室の前におむつ交換のための車を置いて排泄介助を行うのではなく、必要な物だけをもってさりげなく入室することも大切です。

　このようなかかわりをしていれば、記録にもその視点が表れます。どのような記録でも入居者の尊厳に配慮した書き方を心がけましょう。

⑤ 日中の様子の記録

1 目的

　日中の様子を記録することは、その人らしい生活のあり方、暮らし方を把握することにつながります。また、入居者同士のかかわり、入居者とほかの介護職とのかかわりを知ることは、入居者の生活全体を支援する際の手がかりになります。日中、車いすやソファに座って過ごしている入居者の姿をみて、「無為」や「孤独」と感じるか、それとも、のんびりと穏やかに過ごしていると理解するかは、入居者の「ふだんの生活」を知っているかどうかによって異なります。

　また、入居者とのかかわりのなかで不安に感じたことや気がかりなことを記録を通して共有することで、例えば、対応が困難な入居者への支援についての工夫やよりよいかかわり方が明確になることもあります。入居者が安全に、その人らしい生活を送ることができるように、日々の記録を工夫することも大切です。

2 観察＋記録のポイント

　日中の様子については、次の点を観察し、記録するとよいでしょう。

- ＊　入居者の表情や言動：穏やかに気持ちよく過ごせているか、不安になっていたり、さみしそうにしていないか、心身の状態の変化など
- ＊　入居者同士の関係：入居者同士の関係で困っていることやがまんしていることの有無、仲のよい入居者についてなど
- ＊　入居者と職員の関係：信頼関係の形成状況、会話の有無、会話をしているときの雰囲気、頼みごとに対する遠慮、特定の職員に対する否定的な態度の有無など

3 チームケアのポイント

　自分の意思を自ら表現することが困難な人、重度の認知症の人、経管栄養を行っている人、ターミナル期の人など、一般に反応が少ない状態にあるとされる人とのかかわり方やコミュニケーションについては具体的に記録し、チーム

でその人の喜びや楽しみ、辛さ、苦しみなどに共感できるよう対応を検討しましょう。日中の時間帯において、入居者が信頼と安心を得られるようになると、夜間も安心して眠ることができる場合もあります。チーム全体で、一人ひとりの入居者に適した環境をつくり、共有することが大切です。

事例5-14　クラブ活動

14：00から書道クラブに参加される。先生の指導を受けながら出展作品を色紙に書き、楽しんでいた。

- どのような指導か、交わした会話、表情などを書く
- どうしてそのように判断したのかを書く。また、その後の社会参加への意欲や楽しみ方なども書く
- 何に出展するものなのか具体的に書く

●よりよい記録の例

＜クラブ活動＞

14：00　書道クラブに参加

　クラブ活動室には、時間どおり自ら車いすで来られる。いつもの席に座ると書道の先生やほかの入居者とあいさつを交わしながらすぐに筆を手にする。今日は、来月開かれる市の文化祭に出展する作品の仕上げの日で、Jさんは「夢」という字を選ぶ。色紙仕立てにするとのことで、真剣な表情で筆を運んでいた。はじめは、「昔は上手に書けたのに……。手が思うように動かなくてうまく書けないわ」と暗い表情をしていたが、先生から「そんなことはないですよ、Jさんらしくのびのびと書かれていて、とてもよい字ですよ」と褒められると笑顔をみせ、少し頷いていた。先生やほかの入居者と出展する作品を選ぶなど、文化祭の日を楽しみにしている様子が伝わってきた。

> **One Point** ワンポイントアドバイス
>
> 　生活のなかで、何に喜びや楽しみ、生きがいを感じるのかは、一人ひとり異なります。したがって、いきいきとその人らしい生活を送っていただくための支援を行うには、より個別的な対応が必要となります。十分にアセスメントを行い、その人が何に興味・関心をもっているのか、何に楽しみを見出しているのか、どのように対応したらよいのかを把握し、記録にとどめていくことが、個別ケアにつながります。

事例5-15　日中の様子

> なぜ、帰りたいと思っているのかを把握して書く

> いつ、どのような状況で訴えているのか。時間帯や場所がある程度決まっているのかどうかを書く

帰宅願望が強く、何度も訴えあり。その都度対応する。

> どのような対応をしたのかを具体的に書く

●よりよい記録の例

＜日中の様子＞

16：20

　「家に帰ります。タクシーを呼んでください」と風呂敷包みを抱えて、ステーションに来る。「お家はどちらですか」とうかがうと、「○○です」と実際の住所とは違う地名を言う。「あそこまではずいぶん遠いですよ。タクシー代も高くなりますよ。お急ぎでなければ、あと1時間もするとバスが来ますので、少し待ってみてはどうでしょうか」と時計を指差すと「ああ、あと1時間ね。ここで待たせてもらっていいんだね」とソファに座る。温かいお茶を差し上げると、落ち着いたようでゆっくりと飲んだ。

One Point ワンポイントアドバイス

「帰宅願望」とひとくくりに表現してしまうことがありますが、「帰りたい」場所も理由も一人ひとり異なります。入居者のそのときの行動や言葉を具体的に記録し、それを情報源としてアセスメントを行うことにより、効果的な対応につなげることができます。

事例5-16　音楽活動

音楽クラブに参加した後、食堂で水分補給。楽しかった様子で何か口ずさんでいる。そばにより、聞いてみると、それは「お経」であった。

> なぜ「楽しかった」と判断したのか、推測した要因を書く

> 具体的な表情、しぐさ、会話等を書く

> 何を飲んだのか、具体的に書く

●よりよい記録の例

＜初めて聞くお経＞

15：40

　音楽クラブに参加した後、フロアに戻り食堂にておやつを食べる。にこにこしながら何やら口ずさんでいる。お茶を勧めながら「Ｓさん、楽しそうですね。その歌はなんという歌ですか？」と聞くと「あらっ。これは歌じゃなくてお経よ。あなたお経も知らないの？　私の家は大きなお寺さんなの。お経を唱えると幸せになるのよ。あなたも覚えなさいよ」といつも口数の少ないＳさんがめずらしく話してくださる。

　音楽クラブの担当者に聞いてみると、合奏に参加していただこうとＳさんにタンバリンを渡したところ、それを軽くたたきながらお経を唱え、ほかの入居者もとても喜んでいたとのこと。きっと幼い頃の楽しかった記憶を思い出したのだろう。

One Point　ワンポイントアドバイス

　介護記録には、「楽しんでいた様子」「さびしかった様子」など、「～の様子」という表現がよく使われていますが、感情の表現方法は、人によって、また状況によって異なります。その場面での入居者の表情、しぐさ、交わされた言葉などを具体的に記録することで、その人らしい生活状況を把握することができると同時に、その後の効果的なアプローチへの手がかりとすることができます。

6 夜間の様子の記録

1 目的

睡眠は、生命を維持するうえでも、また、健康を維持するうえでも欠かせないものです。夜間の様子の記録では、入居者が安心して、十分に眠ることができていることを確認し、生命および心身の安全を確認しましょう。夜間の心身の変化をきめ細かく観察・記録し、必要に応じて報告することが大切です。

2 観察＋記録のポイント

夜間の様子については、次の点を観察し、記録するとよいでしょう。

* 睡眠の状態：眠りの深さ、表情、睡眠時間など
* 安眠を妨げる要因の有無：痛み、かゆみ、身体の違和感、ストレス、心配ごとなど
* 昼夜逆転の有無
* 眼を覚ました時刻
* 眠剤の服薬状況とその影響
* 睡眠に関する動作の状況：ベッドへの移動・移乗・寝返りの動作、支援の必要性など
* 寝室の環境：温度、湿度、明るさ、音、広さなど
* 睡眠に関する習慣や希望：枕の位置・高さ・固さ、灯りの明暗、お祈りの習慣、通常の就寝時刻、起床時刻など

3 チームケアのポイント

入居者の状態に変化があった場合は、具体的な内容を記録し、ほかの介護職または他職種に情報提供することにより、速やかに適切に対応できるようにします。また、夜間せん妄などの認知症の症状がある場合は、言動を具体的に記録することで、その後の効果的な治療やケアにつなげることができます。

事例5-17 夜間巡回

> どのような様子だったのかを
> 具体的に書く

2：00　巡回。不眠の様子。しばらく話をして入眠を促し、退室する。

> どのくらいの時間、どのような会話を
> したのか、会話の内容などを具体的に
> 書く

> 何をきっかけに退室した
> のかを明記する

●よりよい記録の例

＜夜間巡回＞

2：00　定時巡回

　訪室に気づき、眼を開けて手招きをしている。「どうしました？」と声をかけると、「眼が覚めてしまったの。今、何時？」とおっしゃった。「今、2時です。まだ夜中ですよ。もう少し眠りましょうか？」「そうね、眠れなかったら呼んでもいいかしら？」「いつでも声をかけてください。おやすみなさい」というやり取りの後、退室する。

One Point ワンポイントアドバイス

　入居者が夜、眠っていない時の記述として、よく「不眠」という言葉を使いますが、以下のポイントをふまえてきめ細かく観察し、記録することが大切です。

・眼を覚ましたのはいつか…眼を覚ましたばかりなのか、少し前なのか、かなりの時間が経過しているのか
・眠りたいのに眠れないのか、眠りたくないのか…その要因は何か
・眠れないことについて、苦痛や不快を感じていないか
・眠剤の服用状況との関係はどうか

7 ターミナル期の記録

1 目的

　ターミナル期の記録は、入居者の意思や身体の状況を把握し、苦痛の緩和や心のケアに向けた取組みを行う際の手がかりとなります。また、家族に身体状況の変化を丁寧に伝え、その都度、支援内容や方法について意向の確認を行い、よりよい看取りに向けた連携をとるために、記録は信頼できる情報として重要な役割を果たします。

2 観察＋記録のポイント

　ターミナル期においては、次の点を観察し、記録するとよいでしょう。

* 身体状態：痛み、かゆみ、苦しさ、倦怠感、口腔内の様子、皮膚の様子（褥そうの有無を含む）、顔色、表情など
* バイタルサインの確認：呼吸、体温、脈拍、血圧など
* 意識レベルの状態
* 食事、排泄、尿量、入浴（清潔の保持）の状況
* 睡眠の状態：睡眠時間、睡眠時の様子など
* コミュニケーションのとり方
* 心理状態
* 言葉かけに対する反応
* 喜怒哀楽の表現の仕方
* 家族の状況：ターミナル期に対する理解や受け止め方、死までの支援体制など
* 家族への情報提供
* 医師等への情報提供

3 チームケアのポイント

　ターミナル期には、特にチームケアが重要になります。介護職間、看護師などの医療関係者との情報の共有がスムーズに行われるように、伝達すべき内容を明確に記す必要があります。また、チームのなかで介護職としての役割が果

たせるように、情報共有の場としてカンファレンスの時間を確保することが大切です。さらに、夜勤者の不安を軽減するため、症状の予測と対応について、いつでも確認できる体制をとっておくこと、緊急の場合の家族への連絡方法の確認など、細部にわたる体制づくりやマニュアルの整備が必要です。

　カンファレンスを行う際にはできるだけ、入居者本人や家族を交え、十分な説明を行い、同意をいただくことが必要です。

事例5-18 ターミナル期①

訪室の目的を書く　　　不整脈の有無を記載する

16：00　KT37.0℃、BP125/67、P72、SPO₂98%
　　　　問いかけに返答あり。両手にむくみあり。血尿少々。排便（－4）

- どのような問いかけに対してどのような返答があったのかを具体的に書く
- 手のどの部分がむくんでいるのか。それによる影響の有無も記載する
- 尿の性状、量、どこに付着していたのかを書く
- 排便が4日間ないことによる影響の有無を記載する。腹部膨満、苦痛の有無、排ガスの有無、グル音の有無、その後の対応などを書く

●よりよい記録の例

＜定時のバイタルサインチェック＞

16：00

　　KT（体温）37.0℃

　　BP（血圧）125/67

　　P（脈拍）72　不整なし

　　SPO₂（動脈血酸素飽和度）98%

　　ハルンバッグ内尿量250mL　血性反応（＋2）

　排便が4日間ないが、排ガス、グル音はあり、腹部膨満はない。医師に報告し、対応を協議する。両手背にむくみがあるが、動きに支障はない。むくみを確認しながら「いかがですか」「どこか痛むところはないですか」とうかがうと「何ともないよ」とはっきりした口調で返答がある。「血圧も心配ないですよ」と伝えると、「ありがとう」とにっこりほほえむ。

> **One Point** ワンポイントアドバイス
>
> 　ターミナル期の記録は、ともすると身体状況やバイタルサインの記録のみになりがちですが、その人の最期の時間の証(あかし)、それを支える家族や介護職のかかわりの証にもなるものです。したがって、身体状況やバイタルサインに関する記録に加え、本人と家族の様子、介護職のかかわりの様子などもできるだけ丁寧に記録するようにしましょう。記録から穏やかに過ごしている状況が伝われば、後に、残された家族や介護職の心のケアにつながります。

事例5-19 ターミナル期②

- なぜ来園を促したのかを具体的に書く
- 呼吸の状態等を詳しく書く
  - 苦しそうなのか
  - 浅いのか、深いのか
  - 間隔は正常か
  - 本人の表情はどうか　など
- どのような内容を電話で伝えたのか、家族の応答などを書く

9：30　BP98/70、P96、R22、SPO₂ 86%、O₂ 2ℓ開始、FaにTELし、来園促す。

10：15　排泄介助　排尿（＋）……量、性状などを書く

10：20　Fa来園。状況説明をする。
　　　　Fa終日付き添うこととなり、Fa用ベッドと食事の手配をする。

- 家族のだれが来園したのか、続柄を明記する
- だれがどのように説明したのか、家族の受け止め方や思いなどを具体的に書く
- 職員からの要請なのか、家族の希望なのか、付き添うことになった過程などを詳しく書く

●よりよい記録の例

＜酸素吸入開始＞

9：30

　BP（血圧）98/70

　P（脈拍）96　不整なし

　R（呼吸）22　浅く肩呼吸

　SPO₂（動脈血酸素飽和度）86%

　Fさんは、呼びかけに対して、目をうすく開けうなずくが、声を発する様子はない。
　上記の数値をDr（医師）に報告。Drの指示にてO₂（酸素吸入）2ℓを開始する。5分後、SPO₂（動脈血酸素飽和度）96%となる。Drは、午後来診予定となったため、家族に電話で連絡し、来園を促すこととする。
　【H：Ns】

＜家族に連絡＞
9：40
　昨夕から血圧が低下傾向にあることから、症状等をDrより説明する必要があるため、介護リーダーが長男宅に連絡。【T：CW】

＜排泄介助＞
10：15
　定時の排泄介助を行う。濃縮尿46mlあり。臀部、ほかの皮膚の異常や変化はない。介助中は呼吸状態の変化はみられない。【T：CW】

＜家族来園＞
10：20　長男夫婦、長女来園
　H看護師より、詳しいことは午後Drの来診時に直接聞いてほしい旨を伝えながら、以下のような説明をする。
　・昨夕より血圧が徐々に低下してきていること。
　・呼吸の状態があまりよくないため、Drの指示により酸素吸入を始めたこと。
　・職員の呼びかけに対して、うなずくなどの多少の反応はあるが、言葉は出てこないこと。

　長男は、「いつかはこのような時がくることを覚悟していました」と冷静に受け止めていた。長女は、「もうあまり長くないのであれば、できれば側に付き添っていたい。無理でしょうか」と言う。可能であることを伝えると「介護をしてあげられなかったことが心残りだったので、せめて最期くらいは側にいてあげたい」とFさんの頬にふれながら涙を流していた。【H：Ns】

＜報告・連絡＞
11：20

- 家族の意向を施設長、生活相談員に報告。家族用のベッドと食事の手配をする。【T：CW】

> **One Point** ワンポイントアドバイス
>
> ターミナル期の記録では、どんな小さなことでも「変化」があった場合は記録しておくことが重要になります。ターミナル期は、多くの職員、さまざまな職種が連携して入居者を支えていくこともあり、「変化の報告の記録」がリスクマネジメントの役割も果たします。また、万が一、医療機関に移るような場合には、これまでの状況の変化を詳しく情報提供する必要がありますが、このようなときにも日々の記録が活用されます。

事例5-20　ターミナル期③

> 施設からの要請なのか、家族からの申し入れによるのかを書く

> 「ムンテラ」とは何か。どのような内容であったのか、家族はどのように受け止めているか、家族の思いはどのようなものかを書く

家族来園。Drよりムンテラを行い、同意書にサインをしてもらう。家族終日付き添うこととなり、ベッド、食事の手配を行う。

> 家族のうちのだれが付き添うのか、具体的な続柄を書く

> 施設からの要請なのか、家族からの申し入れによるのかを書く

> 同席者の職種、氏名を全員記載する

●よりよい記録の例

＜ムンテラ＞　※医師等が行う「症状説明」のこと

13：00

　○月○日に行った血液検査の結果の説明をK医師より行いたい旨を家族に連絡。本日、長女夫婦と長男が来園する。

　K医師より、以下の通り症状等の説明を行う。

　＜同席者：本人、長女夫婦、長男、K医師、Ns、CW、CM（ケアマネジャー）…＞

・最近、食事と水分の摂取量が少なくなってきていること
・顔色もよくない日が多く、元気もなくなってきていること
・検査の結果、栄養状態が悪く、血液データ上でも明らかに悪くなってきていること
・状態がいつ急変するかわからず、最悪の場合、死を迎えることもあり得ること

　そのうえで「施設で看取るということは、医療的な限界もあるため、ご家族の希望をうかがいたい」と話をした。長男、長女ともに「わかりました。できれば、最期までこの施設で暮らせたらと思います」と言わ

れ、K医師も了承する。「看取りの同意書」には長男がサインをする。
【E：Ns】

＜報告・連絡＞
14：00
　家族の意向を施設長、生活相談員に報告。家族用のベッドと食事の手配をする。【M：CW】

> **One Point** ワンポイントアドバイス
>
> 　ターミナル期の記録では、現在の状態を明確に説明するために、①さまざまな数値（体温、血圧、脈拍など）、②顔色やむくみ、栄養の状態などの健康状態のポイント、さらに、③家族や介護職のかかわりを含めた具体的な様子の記述がそろっている必要があります。バイタルサインや健康状態のポイントは箇条書きでまとめ、具体的な様子については叙述体で記述するとよいでしょう。データはグラフなどで示すとよりわかりやすくなります。いずれも、読みやすく、わかりやすく書くことが大切です。

Column ▶ ターミナル期の記録のポイント

　ターミナル期にある入居者の記録を書く場合は、看護職と介護職が共通の書式に記入すると効果的な場合があります。その際、職種の違いがわかるように、使用するボールペンの色を変える、職種と名前を明記するなどの工夫をするとよいでしょう。

　なお、書き出し部分に記録の内容を説明する見出し（「定時のバイタルチェック」「ムンテラ」など）をつけることで、記録の目的が明確になります。また、バイタルサインの数値や客観的観察事項と応答部分とは分けて記録すると、情報の整理が可能となり、その後の対応や変化の予測がしやすくなります。

8 事故の記録

1 目的

　事故の記録は、経緯などが明確に記録され、だれが見ても、どのように事故に気づき、どのような状況で、どのように対応し、その結果どのようになったのか、さらに対応が適切であったかどうかを確認できることが重要です。このような情報がそろっていれば、記録を原因究明や再発防止に役立てることができます。万が一、トラブルや訴訟に至った場合は、事故の記録が重要な証拠として扱われます。

2 観察＋記録のポイント

　事故が発生した際は、次の点を観察し、記録するとよいでしょう。

* ５Ｗ１Ｈ：事実を確認するために必要かつ十分な情報がそろっているか
* けがや身体状態：痛みや気分の悪さに対する訴え
* 対応方法：発見者、発見に至った経緯、対応の内容など
* 心理的対応の方法：対応した者、対応の内容など
* ほかの職員への連絡・報告の状況：報告者、報告した時刻、報告の方法、報告内容、報告の相手など
* 家族への連絡・報告の状況：報告者、報告した時刻、報告の方法、報告内容、報告の相手など

3 チームケアのポイント

　事故の記録は、発生時の対応の適切性の確認と、その後の事故の予防に活かされることが重要です。記録の内容がほかの職員に周知されるように情報を提供し、それに対応するケアが継続的に行われる必要があります。観察事項を具体的に記録し、「いつ」「だれが」「何を」行ったのか、その結果どうであったかが明確に伝わるように記録しましょう。このような記録は、家族への説明にも役立てることができます。けがをした場合は、完治するまでの期間は毎日、けがの状態と治療内容について記録し、家族にも報告します。

　また、事故発生原因の究明を速やかに行い、同じ事故を繰り返さないよう防

止に役立てます。場合によっては、カンファレンスを行い、施設サービス計画の見直しに至ることもあります。

事例5-21　事故①

- どのようなきっかけで気づいたのか。「転倒」なのか「転落」なのか、状況を明確に書く→基準をつくるとよい
- 痛みだけではなく、全身状態を確認し、異常の有無を記載する

14：40　転倒。BP108/90、P82、痛み（−）。
　　　　車いすのブレーキをかけておらず、座りなおそうとしてずり落ちてしまった。

- どこでどのような状況だったのか、具体的に記載する。位置関係を明確にする
- 無言で対応したのか。言葉が交わされていれば、具体的な内容を書く
- 見ていたのか、本人の言葉によるのか、推察したのかがわかるように記載する

●よりよい記録の例

＜事故報告＞

14：40

「転んでいるよー」というほかの入居者の声が聞こえたので、急いで食堂へ向かうと、食堂のテレビの前でMさんが座り込んでいた。「大丈夫ですか」と問いかけたところ、「大丈夫、大丈夫。腰が痛くなって、座り直そうとしたの」との返答あり。「どこか痛いところはありませんか」「びっくりしたでしょう」と声をかけ、介助にて車いすに移乗。看護師と一緒に全身のボディチェックを行ったが、痛み、外傷、内出血、腫れ、可動域制限などの異常はみられなかった。

・BP（血圧）108/90

・P（脈拍）82/分

　Mさんの後方に車いすがあり、ブレーキがかかっていなかったことから、座り直そうとして車いすからずり落ちたものと思われる。停車中は必ずブレーキをかけるよう適切な言葉かけが必要と思われる。また、ブレーキがかかっているかどうか確認するようにミーティングで報告することとする。

> **One Point ワンポイントアドバイス**
>
> 　事故の記録には、事故の原因とその対応を記録し、さらに、今後、同様の事故を二度と起こさないために、どのようなアプローチが必要なのかを検討し記録する必要があります。この事例には、「停車中は必ずブレーキをかけることを促す言葉かけが必要」とありますが、このように、これまでの援助内容を変更した場合は、職員全員がこの情報を共有し、一貫性のあるケアが継続されるようにしなければなりません。「記録しただけ」で満足してしまうのではなく、ケアに活かすことが記録の目的だからです。転倒や転落時の具体的な観察項目については、施設内でマニュアルを作成しておくとよいでしょう。

事例5-22　事故②

11：30　コールがあり、訪室。ベッドの下に座り込んでいるのを発見。「車いすに座りそこねてしまった。このところ調子が悪くてね」と言う。ボディチェックをしたが、特に異常なし。

- どのような内容のやり取りがあったのかを具体的に書く
- 「発見」という表現は不適切
- 観察した内容を具体的に書く
- だれが行ったのか。看護師がいる時間帯であれば、必ず連絡して対応する
- どこがどのように調子が悪いのか、具体的に記載することで、今後の対応につながる

●よりよい記録の例

＜事故報告＞

11：30

　コールがあり、「助けてくれー。落っこちたー」というGさんの声が聞こえた。急いで部屋に向かうと、ベッドの下に座り込んだ状態でいたため、「大丈夫ですか。頭を打っていませんか」と声をかけ、ゆっくりと抱えあげるようにしてベッドへの移乗介助をする。気分が悪くないことを確認してからN看護師を呼び、ボディチェックを行う。外傷、痛み、腫れ、可動域制限などの異常はないとのこと。

　「落っこちてしまった」ときの状況を聞くと、「車いすに移ろうとしたとき、足元がもつれたようになって崩れ落ちてしまった。このところ足元がもつれることがよくあるんだ。どうも調子が悪くて」とのこと。

　N看護師と協議し、①医師による診断と服薬の確認、②PT（理学療法士）による筋力などの機能評価を行うこととする。

One Point ワンポイントアドバイス

　事故の記録では、必要な情報を事実に基づいて明確に記録することが大切です。しかし、目の前で入居者が転倒していたり、顔をゆがめて腹痛を訴えていたり、食べたものを吐いてしまったりすると、気が動転してしまって、何を確認し、記録しなければならないかがわからなくなってしまうこともあるでしょう。したがって、そのような状況でもあわてることなく、適切な情報を把握し、簡潔に記録するための「マニュアル」を作成しておくことをお勧めします。「転倒」「腹痛」「頭痛」「発熱」など、症状別に確認事項をまとめておき、すぐにチェックしたり、記入したりできるようにしておくと、医療機関などへの情報提供を確実に行うこともできます。また、後に事故当時の状況について説明を求められるような場合でも、明確に説明責任を果たすことができます。

第6章 読み方の基本

記録には、利用者に関する貴重な情報が豊富に記載されています。したがって、記録をきちんと読み、利用者を総合的・客観的に理解し、必要に応じてほかの職員、ほかの職種に伝達して、継続性、一貫性のある支援を行うことが大切です。第6章では、「記録から何を読み取ったらよいのか」という、読み方の基本について解説します。

1 なぜ、記録を読むのか

　介護の現場では、一人の職員が24時間・365日、同じ利用者にかかわることはできません。したがって、一人の職員が把握することができる情報には限度があります。また、利用者をみる視点についても、一人の見方や一つの職種の見方だけでは狭くなりがちです。記録をきちんと読むことによって、ほかの職員の視点やもっている情報を共有することができ、何倍もの情報を手に入れることができます。その結果、さまざまな側面から利用者を総合的、客観的に理解することにつながります。

　また、せっかく情報が記録されていたとしても、それを読んでいなければ、利用者に関する大切な事項（体調の変化、薬の変更、大切にしている人や物、思い、生活習慣など）を知ることができないだけでなく、ほかの職員やほかの職種に伝えることもできないため、利用者や家族に不安や不都合、不快感を与えてしまったり、ケアの質を低下させてしまったりする場合もあります。

　例えば、認知症のあるOさんは、起床時に体熱感があり、検温したところ37.3℃ありました。検温をした介護職は、Oさんの記録に体温を記録しておきましたが、午後、入浴担当の介護職は、記録を確認するのを忘れ、Oさんに熱があることに気づかずに、入浴を行ってしまいました。入浴のマニュアルによると、入居者に体調の変化があった場合は、必ず入浴前に再度、検温などを行い、看護師から指示を得ることになっていましたが、入浴担当の介護職は、Oさんの記録に目を通

さず、また、入浴マニュアルの確認事項も忘れてしまいました。幸い、大事には至りませんでしたが、場合によっては大きな事故につながる可能性もあります。記録やマニュアルは何のためにあるのかを認識し、最低限守ることが事故の予防やケアの標準化、ケアの質を確保することにつながるということを理解する必要があります。

さらに、利用者の情報が集積されている記録にすべての職員が目を通すことが前提になれば、その情報を軸としたケアを提供することが可能になります。そのような確実な情報を基に提供されるケアは、職員一人ひとりの利用者に対する理解や判断に大きな差異が生じることなく、ケアの継続性・一貫性が保障されるため、利用者・家族との信頼関係の形成にもつながります。そのためには、まず情報源となる記録がだれにとっても信頼できる内容になっていなければなりません。また、「記憶」に頼るのではなく、記録（＝根拠）に基づくケアを提供できるように、「確認しやすい記録」を蓄積していくことも重要です。

❷ 記録の目的を理解し、必要な情報を整理する

チームで利用者の生活を支えるために記録は欠かすことのできない手段の一つです。記録をきちんと読んでいなければ、小さな行き違いが起こり、それがいつか大きなミスにつながることもあります。そこで、記録を読む際には、単に情報を得るだけでなく、情報の間違いや誤解に気づいたらすぐに記録した本人に伝えて確認するとともに、間違いや誤解の原因となった伝達方法や記録の表記方法などについてチームで検討する必要があります。

伝達方法の工夫や周知方法の徹底により、大きなミスを未然に防ぐことができることもあります。また、ケアの視点が組織の理念や目標とずれていたり、内容に不明な点があったりする場合は、本人に気づいてもらえるよう話し合いをもち、一つひとつ解決していくことが大切です。

職員のなかに知識や技術に不安がある人がいても、職員間でこのような体制をとっておけば、チーム全体で共通理解が進み、レベルアップを図ることができます。また、記録の役割や目的を意識して読むことにより、不足している情報がわかるようになり、利用者を支援していくうえで必要な情報を自ら集めることがで

きるようになります。

記録を読む際のポイント

記録を読むときには、ただ読むのではなく、「その記録が何のために書かれて

表6-1　記録を読む際のポイント

1	組織の理念・目標・方針の実現に向けた支援ができているか
2	施設サービス計画・居宅サービス計画や職種別の援助計画（介護計画など）の目標および支援内容に沿ったケアができているか
	＊　その人らしい暮らしができているか
	＊　その人の思いが大切にされているか
	＊　健康に対する配慮ができているか
	＊　家族の意向が大切にされているか
	＊　家族とのかかわりが適切に行われているか
	＊　社会的なかかわりが保たれているか　など
3	情報が共有され、ケアの手順の標準化が図られているか
	＊　利用者の状態について共通の理解がなされているか
	＊　ケアの方法について一貫性のある手順がとられているか
	＊　決められた項目（データなど）がきちんと記録されているか
	＊　利用者、家族のニーズが共有されているか　など
4	リスクを予測し、未然に防ぐケアができているか
	＊　リスクが予測されるような状況はないか
	＊　予測されるリスクに対して未然に防ぐための対策がとられているか　など
5	法令を遵守しているか
	＊　社会福祉法、老人福祉法、介護保険法が理解できているか
	＊　施設の運営規程、規約が理解できているか
	＊　医療行為についての理解ができているか
	＊　身体拘束についての理解ができているか
	＊　高齢者虐待の防止、高齢者の養護者に対する支援等に関する法律（高齢者虐待防止法）が理解できているか　など

いるのか」「何を伝えたいのか」「ほかの職員やほかの職種に伝えるべきことはなにか」などを意識して読むことが大切です。例えば、表6-1のような点を意識するとよいでしょう。

③ 情報の共有とケアの標準化

　記録を読む際には、利用者の生命を脅かすような情報や生活の安定を妨げるような情報を見落としてはなりません。また、そうした身体的変化だけでなく、精神的な喜びや楽しみにつながるような情報も把握することが求められます。利用者が希望をもって「生きよう」と思う瞬間というのは、職員のちょっとした気遣いや自分が大切にしているものを職員も大切にしてくれているというような「共感」から生まれることが多いと思います。そして、大切なのは、その情報を共有し、すべての職員が一貫性のある支援を行うことです。

　情報の共有を図るための最もよい方法は、共有すべき事項を施設サービス計画に反映させ、常に職員が意識してかかわることができるような流れを構築することです。その人の価値観や生活習慣、介助の手順に対する希望などを職員間で確認し、利用者のとまどいや不安を軽減していくことがケアの質の向上に役立ちます。

事例6-1　施設サービス計画と介護記録

【Kさんの施設サービス計画より】

　生活全般の解決すべき課題（ニーズ）

　下記①と②を可能にすることで、これまでの暮らしを可能な限り継続していきたい。

　① 夜、お風呂にゆっくりと入り、一日の疲れを癒したい。
　② 買い物に行き、手芸品などを自由に買いたい。

援助内容（サービスの内容）
　・週に1回は、夜お風呂に入ることができるようにする。専用の麻のウォッシュタオルとシャンプーを使う。
　・趣味の刺繍の糸がなくなったときや化粧品がなくなったときは、近くの商店街で買い物をする機会をつくる。

【Kさんの介護記録より】
　○月○日　<u>14時</u>　食堂にいたKさんをお風呂に誘導。入浴。
　○月○日　<u>15時</u>　入浴。
　○月○日　刺繍用の青と黄色の糸が少なくなっているので、ほかの入居者の買い物のついでに<u>刺繍糸を購入</u>。金額は280円でした。領収書は事務所に提出済み。
　○月○日　Kさんから「化粧水がなくなりそうだから<u>買いたい</u>」と言われましたが、ついでがあったので買ってきました。Kさんに渡すと「<u>ありがとう。お金を払います</u>」と言われましたが、「事務所に預けているお金からもらいますから大丈夫です」とお伝えしました。

　事例6－1は、施設に入居中のKさんの施設サービス計画と介護記録の一部です。施設サービス計画は、その人の全人格を受け入れ、尊重し、その人らしい生活を送ることを支援するために作成します。全人格とは、人格を形成するさまざまな側面（身体状態、心理状態、生活状態、家族の状況、経済状況、社会的な側面など）をいいます。その人の思いやこだわりを大切にした支援とは、その人にとって居心地のよい生活環境をつくり、「わたしのことを理解してくれる人がいる」という安心した暮らしができるようにすることを意味します。

　事例6－1を読んで、どのようなことに気づいたでしょうか。「施設サービス計画は義務づけられているから作成している」というように、形骸化してしまっている施設も少なくありませんが、実際に、施設サービス計画の「目標」を意識

した支援がどれだけ行われているかを検証し、カンファレンスで話し合っていかなければ施設サービス計画と日常の介護記録とが乖離していること、つまり、入居者のニーズに応じた支援が実施されていないことに気がつかないままになってしまいます。

読み方のポイント１：実施状況が不明瞭であることに気づく

　Ｋさんの施設サービス計画には、週１回は夜に入浴できるように支援することが書かれていますが、事実確認の根拠となる「介護記録」からは、夜に入浴している記録がありません。さらに、専用のタオルやシャンプーなど、Ｋさんのこだわりのある「入浴の方法」を大切にしている記録もなく、実際に施設サービス計画に位置づけられた内容の支援が行われているかどうか確認できません。したがって、これでは、Ｋさんの生活支援に対する「評価」もできないことになります。

　何人かの職員に聞いてみると専用のタオルやシャンプーを使って介助している人としていない人がいることがわかりました。この記録から、現在の実施状況を明らかにするとともに、施設サービス計画に沿った、一貫性のある援助が行われるように話し合うことの必要性を読み取ることが大切です。

読み方のポイント２：計画と実施内容の乖離に気づく

　Ｋさんの施設サービス計画では、これまでの生活の継続を支援するため、趣味の刺繍の道具を買いに行くことや化粧品を買いに行く機会をつくることを計画しています。一方で、「介護記録」をみると「ついでがあったから」という理由で、職員が一括購入していることがわかります。さらに、「お金を払う」という「ふつうの行為」の機会までも職員が奪ってしまっています。

　この記録からは、施設サービス計画の内容と実際の支援内容との乖離に気づき、施設サービス計画に沿った支援が行われるよう修正していく必要があることがわかります。Ｋさんは、言葉には出していませんが、心の底では落胆し「本当は自分で買いにいきたかった…」と思っていると思います。また、Ｋさんは「ありがとう」と感謝の気持ちを表し、「お金を払おう」という主体的な行動をみせていますが、それに対しても職員は、Ｋさんの手を通さず、事務手続きを行ってしまっています。職員は、Ｋさんのためを思って行っているのだと思いますが、

結果的にＫさんの自立や当たり前の生活行為を妨げてしまっているということに気がつかなければなりません。

④ ケアの質と事故の予防、法令遵守

　介護保険制度に基づくサービスを提供する事業者（介護サービス事業者）には、法律を守る義務があります。法律は、利用者の尊厳を守り、その人らしい生き方を支えるために存在しています。「法律を守ること」の意味を理解し、支援を実践していくことが専門職としての役割です。

　また、けがをさせないこと、事故を起こさないことだけがその人を守ることではありません。その人の人間としての尊厳を守ることも同様に大切です。介護職には、利用者の尊厳を守りながら、けがや事故を起こさないために十分なアセスメントを行い、事故を予測し、それを回避するための知識と技術（リスクマネジメント）が求められます。

　法律の遵守やリスクマネジメントが十分に実施されていたとしても、それだけで支援の質が確保されているということはできません。例えば、特養の入居者Ｓさんは認知症があり、夕方になると「子どもを迎えに行きます」と言って車いすで外出しようとします。ときには、立ち上がって歩こうとして転倒してしまうこともあります。職員は、役割分担を決めて何とか転倒を防ごうと試行錯誤しましたが、「限界」を感じ、その時間帯だけという条件つきで、部屋の出入り口に衝立を置き、部屋から出られないように囲むことを考えました。

　その様子を記した記録を読んで、尊厳のあるその人らしい生活を支えるケアが行われているかどうか考えてみましょう。

事例6-2　日勤の記録

　Ｓさんは、大腿骨頸部を骨折しており、医師からは、歩くことはむずかしいだろうと言われていました。しかし、本人は歩けると思い込んでおり、しきりに<u>歩こうとします</u>。実際に、<u>数歩、歩くと</u>必ず転倒してし

まいます。夜間には、柵を越えてベッドから降りようとすることもあります。危ないと思って車いすに移乗していただくと、「子どもを迎えにいく」と言って車いすを走らせて玄関のほうへ行ってしまいました。しばらくして部屋に戻ってきたので、今度は車いすではなく床に座ってもらいました。
　<u>毎日、夕方に同じことが起こります</u>。したがって、夕食の準備など、職員の手が離せない時間帯に限って、<u>部屋の出入り口に衝立を置いて安全を確保するようにしました</u>。職員の時間があるときには廊下を一緒に歩いたり、話をしたりして<u>気を紛らわすようにしています</u>。そのときは「子どもを迎えに行く」と言わないので、しばらくしてお部屋にお連れしています。

読み方のポイント１：可能性に気づく

　まず、歩けると思っていなかったＳさんが、「数歩、歩いた」ということは医師も予測できなかったＳさんの「可能性」です。記録を読む際には、このような可能性を見逃すことなく最大限に活かす支援を考えます。
　Ｓさんは転倒し、大腿骨頸部を骨折したという経緯があるため、職員は、ようやく退院してきたＳさんが、再び転倒することがないように必死に安全を守ろうとしています。家族からも、「二度と骨折しないようお願いします」といわれていることでしょう。しかしこの記録から、歩けると思っていなかったＳさんが「数歩も」歩いているという事実に着目することも大切です。「歩ける」可能性を評価し、「自立」に近づくための支援を行うためにカンファレンスを開き、職員全員が共通認識のもとにＳさんに対する身体的、精神的支援を提供できるようにしていきます。

読み方のポイント２：行動を抑えるだけでなく、その背景を理解する

　「子どもを迎えにいく」という行動が、毎日、夕方に起こることに着目し、その原因を明らかにして、Ｓさんの不安や気がかりを軽減するような支援を行うこ

とが必要です。記録によると、Sさんは「しきりに歩きたがり」「子どもを迎えにいく」と言って、夜も起き出して歩こうとするので、はじめはベッド柵で囲んでいますが、この対応は明らかに「身体拘束」にあたります。その後、ベッド柵も越えようとするため、ベッド柵を外して床にマットレスを敷いています。これにより、ベッド柵による拘束はなくなりましたが、今度は部屋から外に出られないように出入り口を囲うという「安全対策」が行われています。このような記録を読んで、ケアの方向性が、尊厳のあるその人らしい生き方を支えるものになっているかどうか、施設の理念や方針に合っているかどうかに疑問をもつことが大切です。

また、「子どもを迎えにいく」というSさんを車いすに乗せて、話をしながら廊下を歩くという記述がありますが、これは、ほかのことに意識を向けることで、Sさんが「子どもを迎えにいく」ということを忘れてくれることを願っているともとらえられます。ここでは、別のことで気を紛らわせるのではなく、なぜ子どもを迎えにいかなければならないと思っているのか、その背景を考えてみることも大切です。

例えば、子どものことが気がかりなSさんの不安に向き合い、子どもの写真を見ながら、Sさんはいい母親だったことを評価し、子どもたちは立派に成長して一生懸命に仕事をして新しい家族を守って暮らしていることがイメージできるように話をしてみてはどうでしょうか。「もう、安心ですね」と母親の役割をしっかりと果たしてきたことを評価し、楽しかった子育ての話に耳を傾け、共感することで不安が軽減することもあります。

読み方のポイント3：チームで取り組む方法に気づく

「安全を確保するために入居者の行動を制限する」ことは、忙しい職員のために入居者を拘束するということを意味します。しかし、この事例のように、目を離すことができない状況の入居者がいる場合、限られた担当職員だけでケアを行うことには限界があることも確かです。したがって、このようなときは、ほかの職員の協力を得て支援する方法を考えます。「身体拘束に該当するので、ベッド柵はだめです」「衝立はだめです」というだけでは、何の解決にもなりません。施設長をはじめ、生活相談員、看護師、ボランティアなどが毎日、具体的なロー

テーションを組んで仕事を担い、担当職員がSさんに寄り添うことのできる「体制」を整える必要があります。一人の入居者の尊厳を守るために、全職員が一丸となって協力しあえるチームケアが必要です。

　この事例のように、記録から「身体拘束」につながるようなケアや人権を軽視したようなケアが行われていることに気がついたら、すぐに対応策を検討します。夕方になると帰宅願望が現れたり、この事例のように「子どもを迎えにいく」といった行動をとる認知症の人は少なくありません。しかし、行動は同じようにみえてもその背景は一人ひとり異なります。したがって、一人ひとり異なる対応策を考えていくことになります。

　この事例を読んで、アセスメントが十分に行われているか、アセスメントの結果が適切に活かされているか、チームの力を活用できているかなどをもう一度見直すことが大切です。また、職員がさまざまな視点、側面から話し合う機会を設けることにより、一人ひとりに合ったケアの糸口を見つけることにつながります。

事例6-3　職員への連絡

　Tさんは、いつもお菓子を職員にあげようとしますが、施設の規則に反しますので、職員は、もらわないようにしてください。本人が何度も「もらってください」と言うときは、「娘さんに、今度から持ってこないように電話しますよ」と話をして、強固な姿勢で断ってください。入居者から品物をもらってはいけないということを本人にわかっていただけるような対応をお願いします。

　家族が面会に来る際に、入居者が好きな食べ物などをおみやげに持ってくることは、家族の入居者に対する大切な思いです。また、家族からのおみやげを職員にあげたいという入居者の気持ちは、家族がいかに自分を大切にしているかを職員にわかってもらいたいということや一生懸命仕事をしている職員に対する感謝の気持ちが含まれています。しかし、一方で職員には、入居者や家族から金品をもらってはいけないというルールが課されています。Tさんの思いを尊重しつ

つ、ルールを守る方法としてどのような対応が考えられるでしょうか。

読み方のポイント1：入居者の気持ちに気づく

　私たちはふだんの生活のなかで、いただき物があったときは隣近所や友人におすそ分けをする習慣があります。入居者のなかにもこのような生活習慣をもっている人はたくさんいます。したがって、入居者の思いを大切にしつつルールを守るためにはどのような方法がよいのかカンファレンスを開いて検討する必要があります。例えば、「お気持ちだけいただきます。お気になさらないでください」と、丁寧に、しかしきっぱりと断るようにするとよいでしょう。全員で統一した対応をすることで、入居者も少しずつ理解してくれるようになります。また、「お礼をしなくても対応に変化がない」ということが伝われば、無理に渡そうとはしなくなることもあります。相手の気持ちや状況に配慮して、丁寧にお断りできる方法を継続して考えていく必要があります。

　また、ほかの入居者への影響（「自分は職員に何もあげられない」という気持ちにさせてしまうなど）を含めて検討しておく必要があります。対応については毎回、記録し、なぜこのような方法を取ったのかが説明できるようにしておきます。職員によって対応が異なると、入居者の混乱を招く原因になることがありますので、共通の対応ができるよう十分に検討しておきましょう。

読み方のポイント2：入居者本位のケアを再確認する

　事例6-3では、「娘さんに、今度から持ってこないように電話しますよ」という記述がありますが、このような対応は、適切といえるでしょうか。また、「強固な姿勢で」という記述からは、入居者に対する「指示的・指導的」な態度が感じられます。運営基準を遵守しなければならないのは当然ですが、基準を守ってさえいればよいということでもありません。

　また、この記録を読むと、このような「指示」や「指導」の考え方は、おそらくあらゆる場面において同様に行われていることが推察できます。ルールだから禁止というのではなく、なぜ、このようなルールがつくられたのかを理解し、それを守るために、一人ひとりに適した対応を考えることの重要性をこの事例から読み取ることができます。

5 共有すべき情報を把握する

　入居者の家族から「お願いしたことが、きちんと伝わっていないようなのですが……」という相談が寄せられることがありますが、一つの対応の行き違いから、家族が介護職のすべてのかかわりに疑問を感じはじめてしまうこともあります。もちろん、家族が「言ったつもり」になっている場合もありますが、「家族からの依頼」などについては、口頭だけでなく、必ず記録に書いておくことと、次の担当者は、必ずその記録に目を通すことを徹底する必要があります。

> **事例6-4　日勤の記録**
>
> 　午前10時ごろDさんの家族が来て、「眼科につれて行きます」と言われました。「今日ですか？　特に聞いていないのですが……」と答えると、「おととい、面会に来たときに職員の方に伝えました」と少し怒った口調でおっしゃいました。急いで着替えの介助をして、健康保険証を渡しました。

　この事例のように「受診する」というような場合は、予約の時間が決まっているため、施設の対応によって遅れることは、入居者・家族に多大な迷惑をかけてしまうことになります。「おととい」の記録を改めて確認するとともに、「受診」の予定が看護師やほかの職員に伝わっていたかどうかを確かめます。

　自分が記録を読み飛ばしてしまった結果なのか、それともどこかで、重要な情報の伝達が途切れてしまったのかといった原因を究明し、同じことが再び起こらないように、チームで対策を立てる必要があります。また、家族への謝罪と原因についての報告を忘れずに行いましょう。

> **事例 6-5** ターミナル期の記録
>
> 　今日は一日、ほとんど食べられておらず、水分も摂取していません。だるさがあるようで、身のおき所がないように身体を動かしていることがあります。また、足のむくみ、微熱がみられ、尿が少しずつ出ています。覚醒している時間が少なく、心配です。

　これは、ターミナル期にあるEさんの記録です。ターミナル期においては、特にきめ細かな観察と必要な職種への情報提供を徹底する必要があります。状態が毎日変わることもあり、その変化を見逃してしまうと命にかかわることになってしまいます。つまり、ターミナル期においては、記録を読む際に、だれに対してどのような情報を提供すればよいのかを常に考えるとともに、慣れない職員の不安の原因を読み取っていくことが大切です。

読み方のポイント1：状態の変化に気づく

　身体の状態をきめ細かく、正確に把握するためには、状態がどのように変化しているかが一目でわかるような「経過表」があると効果的です。経過表の内容は、体重、体温、脈拍、血圧、酸素量、褥そうの有無、尿量、排便の状態、痛みや苦しさの状態（どこの部位か、むくみ、倦怠感など）、服薬状況などで構成するとよいでしょう。

　この表から入居者の状態の変化に気づいた場合は、家族や医師・看護師に情報を提供し、現在の身体状態を認識してもらえるようにします。また、小さな変化を見逃さないように、日頃から状態変化の観察方法や対応方法についてカンファレンスを行い、その話し合いの内容が全職員に周知されるように記録と口頭で確認を行うなどの手段を講じる必要があります。

読み方のポイント２：判断材料を把握し、情報提供する

　医師や看護師への情報提供は、判断のしやすさを考え、わかりやすいデータを用意して伝えるとよいでしょう。このとき、上記の「経過表」は非常に有効なデータになります。その記録情報をもとに現状と今後予測される状態についての意見を聞き、どのように対応していくかについてカンファレンスを行います。このような記録は、リスクを軽減し、入居者の状態に適したケアを行うために重要な役割を果たします。

　この事例には、「食べられていない、水分も摂取していない」と書かれていますが、これらは数字で示す必要があります。数字で示してあれば、記録を読みながら現在の状態をより正確に把握することができます。入居者の状態については生活相談員にも報告し、必要な状況を家族に伝えます。

Column ▶議事録の読み方

　施設や事業所では、さまざまな委員会や会議が開かれていますが、そのような場では、必ず議事録が残されています。都合により参加できなかったとき、自分がその委員会のメンバーではない場合などは、議事録に目を通し、決定事項や進捗状況について確認しておく必要があります。

　「感染症・食中毒の予防対策委員会」の議事録と「特養運営会議」の議事録を例に、読み方のポイントを考えてみましょう。

> **事例①　感染症・食中毒の予防対策委員会：議事録**
>
> 　今回の施設内のノロウイルス発生は、保健所の確認も終え、終息した。しかし、市内の一部の施設では、まだ完全に終息していないところがある。したがって、外から持ち込むことがないように職員は危機意識をもって予防対策をとることが確認された。
>
> 　また、今後も、入居者に下痢、嘔吐があった場合はすぐに報告し、マニュアルに沿った対応をとることを徹底することが確認された。

> **事例②　特養運営会議：議事録**
> **議題１　おむつ代の年間経費について**
> 　　　　　昨年度に比べ、おむつ代が30％増加している。その理由について、フロアごとに分析し、次回報告する。
> 　　　２　**職員の急病について**
> 　　　　　２階の介護職員２名がインフルエンザにかかり休んでいる。出勤までに数日かかり、フロアだけでは対応がむずかしいので、臨時の体制で動くことが確認された。

　「感染症・食中毒の予防対策委員会」は入居者の安全を確保するうえで重要な役割を担っています。上記の議事録には、すべての職員に必要な情報が記録されています。したがって、「全員が読んだかどうか」「全員が内容を理解したかどうか」が特に重要です。フロアミーティングの際に確認する、マニュアルを再確認

するなどチェックを繰り返し、職員全員の認識を深め、危機意識を高める働きかけが大切です。

　「特養運営会議」の議事録は、施設運営の方針や方向性にかかわることを検討する会議の記録です。経営に関する内容も含まれています。このような議事録を読むことによって、法人の方針、現在の状況を確認することができるだけでなく、職員が経営に参加する機会にもなります。また、職員の急病やけが・事故に対応する体制について、フロアで解決できない場合（人数・期間など）は組織として体制を検討する必要がありますが、この議事録からは、組織として現場の問題を共に考えていこうとする姿勢を読み取ることができます。

第Ⅲ部 記録を活用する

第7章　記録をケアプランに活用する
第8章　記録をリスクマネジメントに活用する
第9章　記録を職員の教育に活用する

第7章

記録をケアプランに活用する

介護保険法の施行以来、「ケアプラン」という用語はかなり浸透してきました。一方で、ケアプラン（施設サービス計画・居宅サービス計画）や介護計画が日常的に行う支援の根拠として、有効に活用されているかといえば、そうとも言い切れないのではないでしょうか。第7章では、いかにケアプランと介護計画、介護記録を結びつけ、利用者の生活の質の維持・向上に活かしていくかを考えます。

　2000（平成12）年に介護保険法が施行されて以来、高齢者の介護サービスにおいて「ケアプラン」（施設サービス計画・居宅サービス計画）の作成が明確に位置づけられました。勘や経験に頼った、場当たり的なケアを行うのではなく、個々人の状況をアセスメントしたうえで、ケアプランを立案し、さらにそれを根拠として継続的に日常のケアを展開するという「仕組み」ができあがったわけです。

　しかし、それから約10年が経過した今日、ケアプランは介護の現場に根づいていると言い切れるでしょうか。特に、1事業所で24時間・365日の生活を支える入居施設のケアマネジメントは、複数の事業所によるケア・パッケージが求められる在宅サービスの枠組みとは大きく異なります。また、必要な様式などが十分に整備されているとはいえません。そのため、どちらかといえば「制度上決められているから作成している計画」にとどまっていて、日常的に行うケアの科学的根拠となるような計画には至っていないことが多いと思われます。

　また、日常的なケアの記録（介護記録）についても、「食事摂取状況」や「排泄状況」など監査等で求められる「事実行為」のみを記録したものが中心になってしまっている場合が少なくありません。運営基準等では、「利用者一人ひとりに応じた個別ケアの創意工夫」や「穏やかな日々の暮らしを支える」ための記録が明確に義務づけられているわけではないため、結果として、日々行われているさまざまな働きかけや職員の"気づき"、それに対する利用者の反応などは、どこにも記録されず、したがってそれらがケアに活かされないという状態になってしまっています。

第7章では、このような問題を改善するために、日々の記録をケアプランと結びつけることによって、質の高いサービスを実現する方法を考えます。

１　ケアプランの「総合的な支援目標」とは

　施設サービス計画書（１）、（２）（116、117頁）は、喘息の持病をもつFさんの施設サービス計画書です。ケアマネジャーKがアセスメントを行い、カンファレンス（サービス担当者会議）を経て、作成しました。

　このケアプランでは、Fさんの不安の要因を「喘息の発作」であるとアセスメントしています。そのため、体調不良、すなわちできるだけ発作が起きないよう服薬管理、呼吸状態の観察、バイタルサインのチェックなどを行うことが具体的なサービス内容として位置づけられています。

　この施設サービス計画に沿って支援を実施することにより、確かに喘息の発作に対するFさんの不安そのものは、軽減するかもしれません。ただし、これでは、「病院での治療生活と同じではないか」「Fさんのニーズがみえてこない」「Fさんの生活は、喘息のコントロールだけで終わってしまうのか」などの疑問が浮かびます。つまり、Fさんがどのような生活を望んでいるのか、Fさんの楽しみは何か、といった「Fさんらしい生活」が全くみえてこないのです。

　本人のニーズのとらえ方、支援の視点をどこにおくのかによって、援助の方針や援助目標、援助内容の書き方（表現方法）は大きく変わります。もし仮に完治が望めず、「喘息」という疾病を抱えながら生活をしていかなければならないとすれば、「健康的な生活を送っていただく」という援助方針は非現実的なものとなってしまいます。また、本人の不安がどこに起因しているのか、その原因を明らかにしたうえで不安の軽減や解消につながる具体策を検討し、施設サービス計画書（２）に盛り込むことが必要です。

　疾病を治すことではなく、健康状態に対する不安を軽減・解消するという支援方針であれば、「たとえ喘息の発作が起きても大丈夫」という安心感を少しずつ認識してもらうために時間をかけてコミュニケーションを図り、室温の管理など可能な限り現実的な予防策を講じ、そのうえでの早期発見・早期対応を考えるという施設サービス計画を立案することができます。

見直し前

施設サービス計画書（1）

計画作成年月日	○年 ○月 ○日	

初回　紹介　**継続**　　　　　　　**認定済**　申請中

利用者名　F　様　　生年月日　昭和○年○月○日：80歳
施設サービス計画作成者氏名及び職種　K：介護支援専門員
介護保険施設名及び所在地　○○県○○市○○町　　　住所　○○県○○市○○町
施設サービス計画作成（変更）日　平成○年○月○日　　初回施設サービス計画作成日　平成○年○月○日
認定日　平成○年○月○日　　認定の有効期間　平成○年○月○日 ～ 平成○年○月○日

要介護状態区分　　要介護1　　要介護2　　**要介護3**　　要介護4　　要介護5　　その他：

利用者及び家族の生活に対する意向	Fさん：体の調子が悪くなるときがあり、不安になることがある（喘息の発作時）。 家族：体の不調を訴えることが多いので、その対応をお願いしたい。
介護認定審査会の意見およびサービスの種類の指定	意見およびサービスの種類の指定：なし
総合的な援助の方針	体調を整え、健康的な生活を送っていただくための援助をしていきます。 体調の異常や変化の予兆を把握し、早期発見、早期対応に努めます。

116

見直し前

施設サービス計画書（2）

計画作成年月日　〇年　〇月　〇日

利用者名　　F　　様

生活全般の解決すべき課題（ニーズ）	目標				援助内容			
	長期目標	(期間)	短期目標	(期間)	サービス内容	担当者	頻度	期間
持病の喘息もあり、体調が不安定なため、健康状態の安定を図り、安定した生活を送る。	喘息に配慮し、健康状態の安定を図る。	6か月	体調の管理ができている。	3か月	①身体状況の管理を行います。②服薬の管理・支援を行います。	①主治医・看護師②看護師　介護職	毎日　毎食後就寝前	3か月
			喘息の発作を早期に発見できる。	3か月	①呼吸状態の観察を行います。②バイタルサインのチェックを行います。	①看護師②介護職	毎日　毎日	3か月
			喘息の発作時は、早期に対応できる。	3か月	①症状が出現した際の対応の指示の確認を行います。②指示に基づく対応をします。	①介護職②介護職	発作時　発作時	3か月

また、「いつ発作が起こるのか…」と常に、気になっているような状況であれば、「発作の予兆」のようなものはないかを把握したり、Ｆさんが積極的に楽しむことができるアクティビティを考えたり、リラックスできる環境を整えたりすることなども考える必要があります。具体的な援助の内容としては、「規則正しい生活を習慣化するための日課の設定」「無理のない範囲での散歩」などが考えられるでしょう。
　以上のように「Ｆさんらしさ」を大切にする視点から施設サービス計画書を見直すと、施設サービス計画書（１'）、（２'）（119、120頁）のようになります。
　介護職が作成する介護計画は、この施設サービス計画に位置づけられた目標の達成に向けて、具体的な支援内容・支援方法をふまえて立案することになります。

第7章 記録をケアプランに活用する

見直し後

施設サービス計画書（1'）

計画作成年月日	○年 ○月 ○日
初回・紹介・**継続**	**認定済**・申請中

利用者名　F　様　　生年月日　昭和○年○月○日：80歳

住所　○○県○○市○○町

施設サービス計画作成者氏名及び職種　K：介護支援専門員

介護保険施設名及び所在地　○○県○○市○○町

施設サービス計画作成（変更）日　平成　○年　○月　○日　　初回施設サービス計画作成日　平成　○年　○月　○日

認定日　平成　○年　○月　○日　　認定の有効期間　平成　○年　○月　○日　〜　平成　○年　○月　○日

要介護状態区分　要介護1・要介護2・**要介護3**・要介護4・要介護5　その他：

利用者及び家族の生活に対する意向	Fさん：体の調子が悪くなるときがあり、不安になることがある（喘息の発作時）。 家族：体の不調を訴えることが多いので、その対応をお願いしたい。
介護認定審査会の意見及びサービスの種類の指定	意見およびサービスの種類の指定：なし
総合的な援助の方針	体調の変化に対する不安を取り除き、精神的にも安定した生活を送っていただくための支援をしています。 体調の異常や変化の予兆を把握し、早期発見、早期対応に努めます。

119

見直し後

施設サービス計画書（2'）

計画作成年月日　〇年　〇月　〇日

利用者名　　F　　様

生活全般の解決すべき課題（ニーズ）	目標				援助内容			
	長期目標	(期間)	短期目標	(期間)	サービス内容	担当者	頻度	期間
持病の喘息もあり、体調が不安定なため、健康状態の安定を図り、安定した生活を送る。	体調を整え、安心した生活を送ることができる。	6か月	体調の変化に対する不安を軽減する。	3か月	①喘息についての理解を深めていただきます。 ②発作があっても早期に対応することで危険がないことを繰り返しお伝えします。 ③不安を感じているときは、気持ちに耳を傾け、少しでも軽減できるようお話を同います。	①主治医・看護師 ②看護師 介護職 ③介護職	1回/週 毎日 随時	3か月
			喘息の発作の予兆を把握し、予防を行う。	3か月	①室温の管理を行います。 ②環境の整備（清掃）を行い、清潔に保ちます。 ③服薬の管理を行います。 ④発作の「予兆」の把握に努めます。	①介護職 ②介護職 ③看護師・介護職 ④看護師・介護職	毎日 毎日 毎食後・就寝前 毎日	3か月
			喘息発作の早期発見と早期対応ができる。	3か月	①苦しい時は、我慢せずにできるだけ早く伝えるようにしていただきます。 ②呼吸状態の観察を行います。 ③バイタルサインのチェックを行います。 ④症状出現時の対応の確認を行います。 ⑤指示に基づく対応をします。	①介護職 ②介護職 ③介護職 ④看護師 ⑤介護職	発作時	3か月
日常生活のなかで積極的に楽しむことができる活動を取り入れ、「健康状態の心配から少しでも解放される時間」をつくる。	水彩画クラブ活動（スケッチ）で、近くの公園に行き、スケッチを楽しむことができる。	6か月	水彩画クラブの活動に参加することができる。	3か月	①水彩画クラブの活動日にお誘いします。 ②体調の確認を行います。 ③活動中の見守りを行います。 ④参加前後の体調の確認を行います。 ⑤参加後の感想を伺います。 ⑥Fさんと一緒に、完成した作品を作品集としてまとめます。	①介護職 ②介護職 ③介護職 ④介護職 ⑤介護職 ⑥介護職	活動日（毎週木曜日）	3か月

② 日々の記録をケアプランに活かす

「日々の記録をケアプランに活かす」とは、具体的にはどのようなことをいうのでしょうか。例えば、事例7－1のように、日常的に記載している記録を読み解くことで、新たな気づきを得ることができたり、固定化したものの見方を改め、従来とは異なる入居者像を発見することにつながったり、また、それが有効なモニタリングとなって、新たなアプローチや施設サービス計画の見直しに結びついたりすることもあります。

記録を支援の方針の見直しに活かす

> **事例7-1　介護記録からの気づき**
>
> ＜クラブ活動への誘い＞
> 　Ｉさんにクラブ活動への参加を促すが、断ることが多く、生活全般に意欲がみられない。しかし、参加したときは、楽しまれている様子である。

　この記録を書いた介護職は、施設サービス計画書の内容について検討するカンファレンスの際に「Ｉさんは食事の時間以外は居室でテレビを見て過ごされることが多く、日常生活のなかで、"意欲"や"自発性"がほとんど感じられません。このままでは精神活動がどんどん低下していくのではないかと思い、行事やクラブ活動などアクティビティへの参加を促していくことが課題であると思います」と発言し、その意見を基調にした施設サービス計画の調整を提案していました。しかし、この記録に目を留めた介護リーダーは「Ｉさんは本当に"意欲"や"自発性"がないのでしょうか」と表7－1のような疑問を投げかけました。

　近年では、入居者のできないことではなく、できること（＝強み）に焦点をあてて理解することが支援の主流になっています。その観点から考えても、職員側で用意した「クラブ活動」などのプログラムだけでなく、入居者一人ひとりにあった「楽しみ」へのアプローチが求められます。

表7-1 介護リーダーの指摘

1　クラブ活動に参加しないことは、本当にIさんの「意欲」や「自発性」がないことを意味しているのか
2　クラブ活動に参加しない理由は何か
3　どのようなときに参加し、どのようなときに参加しないのか
4　「楽しまれている様子」とは具体的に、Iさんのどのような様子を指しているのか、また、その要因は何か
5　「楽しまれている」ことは「意欲」や「自発性」と関係があるのではないか

　そのためには、「断る」「意欲がみられない」「参加したときは、楽しまれている」という表面的な記録だけではなく、「なぜ参加しないのか」「何を楽しまれているのか」を把握し、具体的に記録する必要があります。

　例えば、「大勢の人が集まる場ではなく、マイペースで過ごすことのできる時間・空間を好むようだ」ということが記載されれば、「クラブ活動だけでなく、自室で一人でできる楽しみはないか」「Iさんは裁縫が得意だと話していたことがある」「手芸などを提案してみてもよいのではないか」など、個別の状況に応じた新たな楽しみを創り出す提案に結びつく可能性が高くなるものと思われます。

記録を目標設定に活かす

　介護老人福祉施設（特別養護老人ホーム（以下、特養））などのケアマネジャーは、各職種の記録を定期的に確認し、そのなかから支援につながるような「気づき」を把握し、施設サービス計画に活かしていきます。各専門職の視点からの気づきが施設サービス計画に反映されることによって、入居者の状況を総合的に理解し、目標を設定することが可能になります。ケアマネジャーには、「入居者の望む生活を実現するため」という視点で記録を読み込み、活用していくことが求められます。

> **事例7-2　記録を目標設定に活かす**
>
> ＜音楽療法＞
>
> 14：00
>
> 　Mさんは、今日はとてもいい表情をしていた。体調もよいとのことだったので、楽器の演奏を取り入れることにした。
>
> 　まず、「バラが咲いた」をうたい、その後、楽器を使ってリズムをとってもらうこととした。はじめは、テーブルにラッパを置いて手に取ってもらおうとしたが、自分で取ることはできなかった。しかし、職員が手渡しすると、ラッパを自分で口元にもっていき何回も吹いた。音が出ると声を出して笑うこともあった。続いて、「春が来た」をうたうと自らリズムをとってうたい始めた。

　これは介護職が「音楽療法」の様子を記録したものです。活動の前に体調や気分を確認し、それをふまえた活動を展開していることがわかります。この記録から、体調や気分がよいときには、楽器（ラッパ）を吹くことができること、声を出して笑うなど、Mさんが楽しんでいることが明らかになりました。今後のアセスメントにおいて、Mさんは楽器を演奏したいと思っているのか、具体的にどのような楽器でどのような曲を演奏したいと思っているのかなどを把握することにより、Mさんの生活に新しい、具体的な目標を設定することにつながります。

　介護職には、記録が入居者の生活に活かされるよう、意識的に観察し、記録することが求められます。

記録から認知症やターミナル期の人の意思に気づく

　入居者の生活を支援し続けるには、常に試行錯誤のなかからその人に合ったケアを見出していくことになります。「Aさんのケアはこのように行います」というマニュアル化は、ケアの標準化を図るための大切な手順ですが、それを従順に守るだけでなく、常に、Aさんにとってよりよいケアを目指していくために、新たな気づきをケアに活かしていく方法を検討し、積極的に取り組んでいく柔軟性

とスピードが求められます。「介護はクリエイティブな仕事である」という意味はそこにあるのではないでしょうか。

> **事例7-3　認知症の人の意思に気づく**
>
> ＜おむつ交換＞
> 5：00
> 　定時のおむつ交換のためにYさんの部屋を訪ねると、おむつがはずされ、床に落ちていた。多量の尿失禁があったため、衣類をすべて着替えた。また、マットも濡れていたので交換した。

　上記のような記録から、どのようなことに気づくことができるでしょうか。ポイントは二つあります。一つは、Yさんが「おむつをはずしている」ということ、もう一つは、「多量の尿失禁があった」ということです。Yさんの記録を遡って調べてみて、複数回にわたり同じような状況が確認できた場合は、Yさんはおむつに違和感があり、「おむつが嫌いだ」という意思表示をしているととらえることができます。そのようなYさんの意思に気づくことができれば、できるだけおむつをしないで生活できるよう具体的な支援計画が必要だということがわかります。

　また、多量の尿失禁があるということは、その日の水分量や体の冷え、空調などの調整、おむつ交換のタイミングなどを再検討する必要性が考えられます。さらに、排泄のタイミングを把握し、トイレへの誘導を試みることで、おむつをはずすことができるように施設サービス計画の目標を設定することも可能かもしれません。Yさんの意思を確認しながら施設サービス計画の見直しを行い、Yさんの尊厳を守るような支援を実現していくことが大切です。

> **事例7-4** ターミナル期の人の意思に気づく
>
> ＜リクライニングの使用＞
> 11：30
> 　「少しでも気分転換になれば」とKさんの体調のよい時間帯に、初めてリクライニングの車いすを使用した。ほんの10分ほどだったが、車いすで庭に出ると、しっかり目を開けてあたりを見渡していた。

　特養に限らず、介護老人保健施設やグループホームなどでも入居者や家族の希望で看取りを行うところが増えてきています。ターミナル期にある入居者の施設サービス計画では、「状態変化の早期発見、早期対応ができるように体制を整える」「食事や水分の摂取量が少なくなっているので、食べたいものを食べていただく」「褥そうを予防する」などの身体状態に重きをおいた内容に偏りがちです。さらに、介護記録や看護記録においても「体温」「血圧」「脈拍」などのバイタルサイン、「食事の摂取量」「水分の摂取量」「浮腫」などの身体状態に関する記録が増えていきます。

　これらは、入居者の小さな変化にもすぐに気づくことができ、適切な対応ができるようにするためには必要不可欠な情報ですが、生活施設におけるターミナルケアでは、居住環境やコミュニケーションにも配慮し、どのような方法で支援することが入居者が最も望むかかわりなのかを追求し続けることに重点をおく必要があります。

　また、外気にふれたい、明るい部屋にいたい、静かに過ごしたい、少し賑やかな雰囲気を感じたい、懐かしい音楽を聞きたい、最新のニュースを知りたい…など、精神面への十分な配慮も求められます。

　自分の意思を十分に伝えることが困難な入居者の場合、上記の事例のように、初めて使うリクライニング車いすで、表情が変わったことは重要な気づきです。このような気づきは、施設サービス計画に活かし、Kさんにかかわる職員が情報を共有することによって、一貫性のある支援を提供できるようにする必要があります。

ターミナル期の入居者の支援では、気づいたらすぐにその情報を共有し、対応策を検討することが重要です。

記録をモニタリングに活かす

　日々の記録は、施設サービス計画のモニタリングとアセスメントの役割も果たします。したがって、モニタリングやアセスメントに活用できる記録が求められます。

事例7-5　施設サービス計画の目標の変更へ

＜実習生と歌をうたう＞
15：00
　食堂につながるテラスで、実習生と談笑したあと、歌をうたったり、思い出話をしたりして楽しそうに過ごしていた。よく見ると、歌をうたいながらピアノを弾いているように両手の指を動かしていた。Tさんは、ピアノが弾けるのかもしれない。

　上記の事例のTさんは、歌がとても好きで、施設サービス計画には「生活の楽しみとして、ほかの入居者と一緒に歌をうたう時間を大切にする」という目標が設定されています。特に実習生が来ている間は、テラスで一緒に歌をうたったという記録が頻繁にみられました。その様子を見ていた介護職がピアノを弾いているような両手の動きに気がついたことは、とても貴重な情報です。
　また、この記録を目にした別の職員が「ピアノを弾いていただけますか。聞いてみたいです」とお願いすると、少しはずかしそうにしながらも、嬉しそうに弾いてくれてみんな驚いたということです。その後、Tさんは、施設のなかでピアノを弾く機会が増え、Tさんのまわりには、自然に人が集まるようになりました。現在では、「生活の楽しみとして、ほかの入居者と一緒に歌をうたう時間を大切にする」という目標は、「生活の楽しみとして、週1回の合唱クラブで伴奏をする」という目標に変わっています。

ささいなことかもしれませんが、このような気づきにより、その人の喜びと楽しみが大きく広がることにつながり、ほかの入居者も一緒に楽しめる交流の機会も生まれます。本人の希望が前提になりますが、介護職の記録は、人と人とをつなぎ、温かい雰囲気や居心地のよい空間をつくるきっかけになるのです。

第8章 記録をリスクマネジメントに活用する

　各施設には、必ず「リスクマネジメントマニュアル」があると思いますが、このマニュアルをきちんと読んだことはありますか。「事故の予防」のためには、日頃の取組みが重要なため、必ず目を通すようにしましょう。介護記録のなかには、リスクマネジメントに活用できる情報がたくさんあります。介護職一人ひとりは、さまざまな情報に気づいていても、それを「リスク」と結びつけて考えることをしなければ、その情報は活かされず、結果的に利用者に不安や混乱を与えてしまうことになります。第8章では、日々の介護記録をリスクマネジメントに活用する方法を考えます。

1　介護現場におけるリスクマネジメント

　リスクマネジメントとは、一般的に危険や危機状態を管理することによってそれを回避することを指します。福祉分野でも介護保険制度がスタートした2000（平成12）年前後から、この用語が頻繁に使われるようになりました。それは、福祉サービスがそれまでの行政による決定を中心とした措置制度から、利用者と介護サービス事業者との契約に基づく利用制度に改められたことにより、事故等に対する介護サービス事業者の責任がより厳しく問われるようになったためといわれています。このような状況のなかで利用者にかかわる日々の記録は、サービス提供の実践の証(あかし)として、また、ときに、訴訟等に至った場合の法的責任の根拠として取り扱われることになり、ますますその重要性を増すことになりました。

　一口にリスクマネジメントといっても、一般企業で行われているリスクマネジメントと介護サービス事業者におけるリスクマネジメントは異なる特徴があります。それは、利用者の安全を図りつつ、一方でサービスの向上も一体的に図らなければならない点です。つまり、介護サービスにおいては、何よりも「利用者の立場に立ったリスクマネジメント」が求められており、常に利用者自身の生活を豊かにする観点を忘れてはなりません。

全国社会福祉施設経営者協議会による『福祉施設におけるリスクマネジメントのあり方に関する検討委員会報告書』(2001年)では、リスクマネジメントを「利用者の安全を最大の眼目としたうえで、サービスの質の向上と利用者満足度の向上をめざす活動」と位置づけており、介護サービス事業者におけるリスクマネジメントとは、事故や危険の防止のみならず、よりよいサービスを提供するためのものとされています。

　このような観点にたつとき、「介護サービス事業者に求められるリスクマネジメントの機能」とは、具体的にどのようなものを指すのかを考えてみたいと思います（表8－1）。

　まず、発生した事故は、予測可能であったかどうかがポイントとなります。転倒事故を例にとれば、ある利用者が転倒しやすい要因として、下半身の衰えやバランスをとることが難しいなどの身体機能の低下があることをきちんと把握していたかどうか、過去の転倒の経歴を把握していたかどうかなどが問題となります。これらは、「アセスメント表への記載の有無」で判断されます。もし、身体機能の低下や過去の転倒についてアセスメント表に記録されていたにもかかわらず、何の対策もとられていなかったということになれば、事業者側の過失責任は免れ得ないということになります。

　次に、介護サービス事業者が利用者の転倒の可能性を把握していた場合に、実際にどのような対策がとられていたのかが問題となります。例えば、利用者の転倒を回避するために、「ベッドから車いすへの移乗はバランスを崩しやすいため、必ず二人体制で行う」といった内容が介護計画等に明記されているかどうか、さらに、計画どおりに日々の実践が行われていたという記録があるかどうかが問われます。このとき、介護計画や介護記録等を確認することになりますが、これらの記録がない場合は「対策がとられていなかった」「計画どおりにケアが行われていなかった」と判断される場合があります。

表8－1　介護サービス事業者の過失責任が問われるポイント

1	予測可能性：予測し得る事故であったか（⇒アセスメント表等の確認）
2	回避可能性：注意すれば事故を避けることができたか。そのための措置を行ったか 　　　　　　（⇒施設サービス計画、介護計画等の確認）

② 記録がなければ…

　実際に、ある病院で患者を見守るための「巡回の記録」がなかったことから、「計画どおりのケアを行っていなかった」と判断され、過失責任が問われた事例もあります（事例8－1）。

　この事例では、「1時間に1回程度の巡回」が看護計画に記載されていましたが、その計画どおりに巡回が実施されていたかどうかが争点の一つになりました。「実施した」という看護師の証言もありましたが、判決では看護記録に巡回の記録がなかったことから、「巡回をしていなかった」と判断されました。「裁判においては、専門職として実施したことは、通常記録化されていると期待されるため、一般の民事紛争以上に、記録にないことは実施していないのと同じ扱いにみなされがちである」[1]ということを、十分認識しておくことが必要です。

　特養などで働く介護職が、実施した行為すべてについて詳細に記録することは、現実的にむずかしいことではありますが、このような記録の有無が、訴訟や損害賠償の際の根拠として扱われることがあるということを理解しておく必要があります。

事例8-1　記録がなく、過失責任が問われた判例[2]

〔概　要〕

　病院に入院していた女性A（72歳、軽度の認知症、パーキンソン病）がベッドから転落し側頭部を床に強打し、くも膜下出血で死亡した事故について、病院の担当医師らの看護上の過失によるとし、長男（原告）が慰謝料1000万円を請求した。

〔判　決〕

　病院の過失を認め、原告の請求を一部認容し、慰謝料200万円の支払いを認めた（一部控訴）。

争点①　死亡原因はベッドからの転落か否か

　Aは1990（平成2）年7月29日にベッド上から転落して右側頭部を打撲し、その後、めまい、震え等の症状がみられたが、生命にかかわる障害はなく、8月4日午前4時頃、再度ベッド上から転落し、頭部を強打したことによる外傷性くも膜下出血により死亡するに至ったことが認められ、担当医および看護師らも当時そのように認識していたことが認められる。

争点②　担当医師らの注意義務違反の有無

1　予見可能性について

　7月29日の転落以降は、Aがベッド上に立ち上がり、不安定な歩行により、再度ベッドから転落することを予見することは可能であり、現に医師らはその危険性の認識を有していたことが認められる。そして、Aがベッド上からの転落の際、頭部を庇う等の有効な防御方法をとらないまま頭部を強打し、その結果、死亡も含めた重大な結果が発生することを具体的に予見し得たと認められる。

2　ベッドからの転落、死亡の結果を回避するための措置について

（1）抑制帯（転落防止帯）の使用について

　　抑制帯を使用する必要がないと考えた医師の判断は、合理的な裁量の範囲内にあり、抑制帯を使用する法的義務があったということはできない。

（2）畳使用について

　　ベッドによる看護態勢を継続したことは、担当医師の裁量の範囲内であったと認められ、畳を敷きそのうえに寝具をおく方法に改める法的な義務があったとまではいえない。

（3）巡回を頻繁にすること

　　巡回の頻度を多くしてAの動静に注意することは、現実的かつ比較的容易な手段であると考えられ、ほかに有効で、かつ弊害のない看護上の通常の手段が認められないことに照らし、さらに原告がAの精神安定のため付き添いをしており、ある程度原告にAの身体の

安全について期待できる状況にあったことを考慮すると、合理的な看護方法として容認される。本件においては、この方法が担当医師および看護師らの間で看護方針として取り決められ、患者側からその確実な履行が期待されていたものと考えられ、1990（平成2）年7月30日以後は、Aの看護において、安全配慮上の義務となっていたと認められる。

（4） 巡回義務の履行について

看護師らは、前記看護方針に従い、頻繁に巡回し、Aの転落による危険発生の防止に努める義務を履行していなかったと認めるのが相当であり、医師には義務履行のための具体的な看護態勢をとる指示監督義務を怠った過失が認められる。

（5） 病院側の前記義務違反とAの死亡との因果関係

原告がAの転落の危険を認識し、これを回避するために、畳の部屋にするように具体的申し出をしており、病院に対し、Aの転落防止に必要な措置をとることを強く期待していたことが認められ、これに対し、巡回を増やす方針を決めたが、それを履行していないことは、Aに対し、適切な看護を受ける機会を失わせた点において不法責任を免れない。

東京地裁　平成8年4月15日判決

3 記録があれば…

事例8－1は「記録がなかったために実施していた支援が認められなかった」事例でしたが、次に、「きちんと記録していたために、トラブルを回避できた事例」を紹介します（事例8－2）。

事例8-2　日々の記録により家族とのトラブルを回避できた事例

長男：「母の記録を見せてください」
職員：「記録といってもいろいろあるのですが、どのような記録ですか」
長男：「母の日常の生活がわかるような記録、全部です。コピーをください」
職員：「いつ頃の記録ですか」
長男：「この施設を利用し始めた1年半前からの…」

　1年半前に施設に入居したBさんの長男は表情も険しく記録の開示を求めてきました。認知症のあるBさんは、就寝時および食事と入浴の時間以外は、多くの時間を施設内を歩いたり、窓の外を眺めたりして過ごしています。昨日、午前8時頃廊下で転倒し、右大腿骨頸部を骨折し入院となりました。

職員：「わかりました。差し支えなければ、記録が必要な理由をお聞かせいただけませんか」
長男：「実は…」

と話し始めた内容は、以下のようなものでした。
　施設からの連絡で、病院に駆けつけた長男と長女は、医師から「今後、歩行できるようになる可能性は低い」と説明されました。以前から施設への入居に反対していた長女は、医師からの説明を聞いた後「こうなったのは施設の責任だと思う。施設は母さんの徘徊に対して何の対策も立てずにいたから骨折してしまったのよ。責任を追求しなければ…」と言い出し、家族間で話し合いを行った結果、施設の責任を追求する前に、まず、施設でのケアの内容を知るための記録の開示を求めることになった、とのことでした。

職員：「そうですか。では、お手数ですがこの『情報開示請求書』の必要事項に記入してください。後日、用意できましたらご連絡いたします」

　　　　　　　＊　　　＊　　　＊

　2日後、要求された記録（介護記録、看護記録）のコピーを受け取りに、長男夫婦と長女が来園しました。生活相談員から手渡された記録に目を通していた長女は、しばらくして、介護記録のある部分を指さして言いました。

長女：「私は思い違いをしていたようです。母はここで大切にされていたんですね。認知症が重くなって、何もわからなくなってしまったと思い込んでいましたが、いくつになっても'母'なんですね……。これを読んでよくわかりました」

　そこには、以下のような記述がありました。

○月○日　＜子どものお迎え＞
2：15
　夜間巡回中、廊下で鉢合わせ。「どちらにお出かけですか」とたずねると「Cちゃん（長女の名前）が帰ってこないから迎えに行くのよ」「それは心配ですね。どうぞお気をつけて…」「ありがとう。行ってきますね…」と足取りも軽く歩いていかれる。しばらく様子を見守っていたが、約10分後には、自分で居屋に戻られたので、「おやすみなさい」と声をかける。

○月○日　＜お届けもの＞
15：00
　風呂敷包みを抱えてステーションに来られ、「こんにちは。お願いします」と声をかけられる。「何のご用でしょうか」と聞くと「子ど

> もがこれを忘れていったから、届けに行きたいのですが」と風呂敷包みを差し出される。「そうですか。では、お茶を一杯飲んでから一緒に出かけませんか」と言ってお茶を差し上げると、「ありがとさん。気を遣わせてしまって、申し訳ないねぇ」としばらく世間話をする。約30分後、風呂敷包みはおいたまま居室に向かわれる。
>
> 　これらの記録を読んで、はじめは険しかった家族の表情は次第に和らぎ、「この場所が母にとっていちばん心を落ち着かせることができる場所だったのだと感じました。また、ここに戻って生活できればと思います。よろしくお願いいたします」とおっしゃっていただくことができました。

　施設での生活の様子は、家族にはみえにくいものです。頻繁に面会に来る家族にとってさえ、面会時は生活全体の一部をみているに過ぎません。まして、入居期間が長期になると、入居者の状態は、入居した当初と変化することもあります。このような場合に、記録の開示は、本人の現在の状況と入居時からの変化を客観的に認識するのに役立ちます。もちろん「状況の変化を認めたくない」という気持ちから「私と同居していた時にはこんなことはなかった」と主張する家族もいると思われます。しかし、日付や状態の変化を記録しておくことによって「この時点からこのような機能低下が認められるようになった」「それに対してこのような支援を行った」という説明の材料として記録は重要な役割を果たします。

　また、事例8－2で記したように、深夜であっても、混乱した状況にあっても、入居者を決して否定することなく、穏やかに尊敬の念をもって日常的に対応している職員の言動を記録から読み取ることができれば、家族にとってこれ以上の安心はありません。記録が家族との信頼関係の構築につながるということがわかると思います。

　この他、記録をリスクマネジメントに活かすため、入居者の身体状況の異常の有無を確認した場合は、必ず「いつ」「どこで」「だれが」「何を」「何のために」

「どのように」確認したのか、5W1Hに則って正確に記録しておく必要があります。例えば、入居者が居室のベッドから転落した際には、「看護師の○○が全身のチェックをしましたが、何ともなかったので病院には連れて行きませんでした」ということを何日も経過してから口頭で報告されても、記録に何も書かれていなければ確かめることができません。特に高齢者の場合は、あざや腫れが後になって現れることも少なくありません。痛みや発熱なども同様です。そのため、「だれが何時何分に確認した時には、あざや腫れが認められなかった」などの記録が重要な意味をもつことになります。

このような場合は、事例8－3のような記録があれば、「確認していない」「聞いていない」「証拠がない」などのトラブルを回避することができます。

事例8-3　ベットからの転落の記録

○月○日
15：00

　看護師のMが、担当の介護職Iの立会いのもと、腹部、大腿部、上肢、下肢等を点検したが、あざや傷、腫れはみられなかった。Nさんに「どこか痛みはありますか」と尋ねたところ、表情も穏やかで、いつもと変わらない口調で「大丈夫です。心配をかけてすみません」との返事があったため、「もし痛みがあれば、遠慮なくおっしゃってください」と伝えた。本件について、長女のH氏には、○月○日15時20分、介護職Iから連絡。

---

④ 記録の分析とリスクマネジメント

記録には、入居者の生活の質（QOL）の向上につながるような記述、リスクマネジメントにつながるような記述が多くみられます。しかし、その記録は、実際に活かされていないことが多いのではないでしょうか。では、入居者に関する記録をどのように分析し、どのように事故防止に活かしていったらよいのでしょうか。介護記録の事例から記録内容を分析し、リスクマネジメントに活かす方法を考えてみましょう。

事例8-4　家族からの苦情の事例

○月○日
14：20
　面会後、長女がステーションに来て、「母はきれいに洗面してもらっていないのではないでしょうか」と言われる。毎朝きちんと行っていると説明したが納得されない様子である。「これから気をつけます」と伝えると、少々不満気ではあったが、「ちゃんとやってくださいね。お願いします」と言って帰られる。

　この記録を見た介護リーダーは、「ご家族がどうして"きれいに洗面をしてもらっていない"と思ったのか、その理由が書かれていないこと」に気づき、さらに「職員の説明でご家族が納得していないということは、今後、何らかのトラブルに発展する可能性がある」と考え、ご家族に電話をして確認することにしました。

16：30
　長女宅にTEL
"洗面の件"についてお尋ねすると同時に、今後の対応についての検討を行うこととする。

(以下、長女とのやりとりの要約)
＜長女＞
・面会に行った際、「めやに」がたくさんついていたので、顔を拭いてもらっていないのではないかと思った。
・職員に聞いても、「朝の洗面はきちんとやっています」の一点張りだった。
・きちんと洗面をしていれば、あんなに「めやに」がつくはずがない。
・もう少し丁寧にケアをしてほしい。

＜介護リーダー＞
・ケアが行き届かなかったこと、職員の対応と説明の仕方が十分ではなかったことについてお詫びをする。
・洗面を含むモーニングケアは確実に行っていることを説明する。
・面会時に「めやに」がついていたのは、ほかの原因、例えば眼の病気などの可能性も考えられるため、看護師に相談し、必要に応じて眼科の受診も検討する。受診になった場合、家族の付き添いをお願いする可能性もあることを伝える。

＜長女＞
・状況がよくわかった。はじめからそのように説明してくれたらよかったのに。
・受診には付き添う予定。また何かあったら連絡がほしい。

　電話を終えた介護リーダーは、看護師に報告し、看護師と状況を確認したところ、Mさんの左眼に「めやに」が付着していました。看護師は「何らかの眼の炎症ではないか」とのことで、眼科の受診の準備と、受診までの対応策を協議し、実施することとなりました。

17：20
　看護師に連絡、確認のために一緒に居室に向かう。左眼に黄色の「めやに」が付着している。拭き取りながらご本人に聞くと、「痛くも何ともないけど、眼がしょぼしょぼする」とのこと。「明日眼科に行ってよく診てもらいましょう。それまでは"めやに"が付いたら職員が拭き取らせていただきます」というと「ありがとう。お願いね」「娘さんも心配していらっしゃいましたよ。先ほど、お電話でお話ししましたが、明日は病院に付き添ってくださるとのことでした」と伝えると、「あの子はよく来てくれるの。しっかりしているから頼りにしているのよ」と嬉しそうな表情で話す。

「めやに」に気づいた際の対応を看護師と協議し、受診後、医師の指示があるまでは以下のように処置をすることにしました。

・床頭台の引き出しに"目拭き綿"を用意する⇒補充、管理は看護師が行う。
・訪室時に「めやに」があったときは"目拭き綿"で拭き取る。この場合、以下のことに注意する。
  ① 目拭き綿は片目、1回で使用し、同じ綿で両目を拭かない。
  ② 眼元から眼尻に向けてそっと拭く。
  ③ 「めやに」が拭き取れない場合は無理をしないで看護師に連絡する。
  ④ 使用した綿は必ずビニール袋に入れ、口元を縛って捨てる。
  ⑤ 処置後は必ず手を消毒する。

　入居者や家族が施設に対して「苦情」を言ってくるときは、思いが高まり、勇気をふりしぼって発言しているということを理解する必要があります。「苦情」と一言で片付けるのではなく、その思いや理由を把握し、記録することで、その後の対応をスムーズに行うことができます。リスクマネジメントには、「苦情」を言いやすい環境づくりと職員の「説明力」を高めることも必要です。

事例8-5　リスクマネジメントにつながる記録

○月○日
20：00
　朝は、朝食も摂らずによく眠っていました。お昼も深く眠っていたため、無理に起こさず、ゆっくり休んでもらいました。したがって、昼食も食べず、昼食後の薬も飲んでいません。18時頃、目を覚まされたようで、夕食は7割ほど摂取し、薬も服用しました。

介護リーダーは、Ｄさんに関する上記のような記録を目にしました。すぐに過去の記録をさかのぼって確認したところ、月に２回程度の頻度で５か月間にわたり同様の記録が残されていました。

　まずは、食事もしないで、深い眠りが夕方まで続いている日があるということを問題としてとらえなければなりません。また、処方されている薬が指示どおりに服用されていないことについて、医療職への報告が必要です。さらに、食事もしないで眠り続けている原因をカンファレンスで検討する必要があります。薬の影響か、機能低下による意識障害なのか、薬は、規定どおりに飲まなくても身体に影響のないものなのかなど、この記録には多くの危険や疑問が潜んでいます。

　記録をよく読み、危険性に気づき、迅速に対応していれば、このような状態が繰り返されることはなかったはずです。Ｄさんのこのような状況に気づくことができない状況では、適切なケアを行っていたとはいえません。また、実際にかなりリスクの高い状態であった可能性があります。

　介護職には、これらの記録を入居者の安全を守るために活用していく視点が求められます。

● 引用文献

１）高野範城・青木佳史編『介護事故とリスクマネジメント──法律家と実務家が多くの裁判例をもとに記す』p.114、あけび書房、2004年
２）同上、pp.146〜147

Column ▶記録に書かれる「問題行動」の表現

　認知症の周辺症状である「徘徊」「不潔行為」「暴言」「盗食」などの用語が、自分の家族の言動として記録に書かれていたらどのように感じるでしょうか。たとえそれが「事実」であったとしても素直に受け入れられるものではなく、また決して喜ばしい気持ちにはなれないのではないでしょうか。

　介護記録では、このような表現を使わなくても「日時」「事象」「会話」「行動」「対応」などを具体的に記述することによって、専門職同士の情報共有を十分に図ることができますし、同時に利用者や家族にも開示できる記録となります。

　一方、認知症の方の性的な行動を具体的に記述することについては、躊躇するという声を聞きます。どのように記述したらよいのかと相談を受けることも少なくありません。認知症の方の周辺症状は、病気の症状ですので、この場合も事実を具体的に記述する必要があると考えます。ただし、言動の事実だけを記述するのではなく、専門職としてその言動をどのように理解し、どのように対応したのかについても丁寧に書くことが大切です。

第9章 記録を職員の教育に活用する

　介護記録は、施設によって、また、人によっても書き方が異なり、記録に要する時間もそれぞれ異なります。最近は、コンピュータの導入により、「前の人が書いたものをそのままコピーして、貼り付けるだけ」という記録も目にするようになりました。このような記録を見ると、改めて記録の目的や意義を「介護の基礎」として学ぶ必要性を感じます。第9章では、このような状況をふまえ、記録を職員の教育に活用する方法を考えます。

　介護記録は、最低限のメモ程度しか書かない人、長く細かくエッセイのように書く人、あるいは日記のように書く人など、人によって千差万別です。繰り返し述べてきましたが、介護の現場において記録は重要な役割を担っているため、特に、後輩の教育を担うリーダー的立場にある人は、職員の記録をきちんと読み、一人ひとりが法令をきちんと理解しているか、利用者に適切なサービスを提供しているかなどを確認する必要があります。さらに、職員の個別教育を行う情報として、記録を活用することが求められます。

　介護記録を職員教育に活用する場合、だいたい3か月分の記録を一覧にしてみると、課題が明確にみえてきます。そのうえで、その職員がステップアップするための教育方法を考え、面談していくとよいでしょう。専門職としての見方や支援の方法について、職員一人ひとりの能力に合った方法で説明することが介護リーダーの役割です。施設や制度の理念を念頭において説明すること、具体的な書き方を示すことがポイントです。数か月間、しっかりと記録を読んで、個別にかかわることで専門職としての知識が身につき、利用者へのかかわり方も変化していくのがわかると思います。職員に成長がみられた際には、きちんと評価することを忘れないようにしましょう。

1 職員教育の大切さ

　福祉人材の確保と資質の向上が大きな社会的ニーズの一つとなっていますが、背景には今後さらに進む高齢化とそれに伴う介護ニーズの多様化、法令遵守、権利意識等があります。こうしたなかで、介護サービス事業者における人材教育が重要なポイントになってきています、記録を活用して職員を育て、スーパービジョンを行うことが有効な手段の一つといえます[1]。

　どのような職業においても、また、どのような高いレベルの専門教育を受けてきたとしても、専門学校や大学を卒業してすぐに即戦力として活躍することは難しいでしょう。特に、介護サービスは対人援助サービスであり、その根底には利用者との信頼関係が構築されていなければなりません。介護サービスの利用者は、社会的に弱い立場におかれることが多い人々であり、日常的に支援を要する人々です。そのため介護職は、これらの利用者に対する受容と共感、尊厳を守る態度をもち続けることが不可欠ですが、このような価値観や態度は一朝一夕に身につくものではありません。介護の現場で利用者や家族、ほかの専門職とかかわることにより、徐々に身についていくものと思われます。その意味でも介護職は、利用者や家族、ほかの専門職に教えられ、現場で成長する専門職といえるのではないでしょうか。

　このようなことから考えても、現場での職員教育はたいへん重要なものですが、現状では、恒常的な人材不足が続いていることもあって、ケアの現場でじっくりと人を育てている余裕がないという状況にあります。さらに、介護の現場でもパートやアルバイト、派遣社員など非正規雇用の職員が増加しており、その数は介護保険関係のサービス全体で約3割、訪問介護の現場では約6割にも達しているといわれています[2]。このような状況において、職員の勤務形態の選択と、質の高いケアの提供の両立を目指すには、研修は避けて通ることができません。

　一方で、個別ケアが重視されるようになり、ケアの小規模化が奨励されています。ユニット単位のケアでは、職員が一人か二人で、数名の入居者のケアを行うため、多くの同僚・先輩・後輩職員のなかで支えられながら学び、多様な経験を通じて成長していく機会が減ってしまいました。

　このような介護の現場において、記録は、新人職員や短時間雇用の職員を含め

たスタッフを支え、成長を促すツールとして有効に活用することができるものです。記録にはさまざまな利用者の姿が記載されますが、同時にその利用者をケアしている介護職の姿や視線も記載されることになります。一人ひとりが何に着目し、どのようなことを重視しているのか、何を計画し、これから何をしようとしているのかといったことも読み取ることができます。職員の教育にあたる介護リーダーや管理者は、個々の職員が記載した記録を読み、課題や必要な支援を適切に把握し、それぞれの職員の特性に応じた教育を行っていく責務があります。

② 記録から職員の利用者に対する見方を把握する

職員が書いた記録からは、個々の職員のケアに対する考え方や利用者に対する思い、現在の仕事に対するつまずき、職員同士の人間関係、目標に対する認識の違い、職員のアセスメント能力など、さまざまなことを把握することができます。

事例9-1　利用者への思いを把握し、カンファレンスにつなげる

長年スナックを経営していたSさんは、60歳代に妻と死別後、一人暮らしを続けていました。75歳ごろより認知症の症状が出現するようになり、一人暮らしが困難な状況となり、施設で生活するようになりました。当初から女性に対する興味・関心が強く、女性職員や入居者の側を離れず、ときには品のない言葉をかけたり、身体に触れるなどの行動がみられ、次第にエスカレートしてきました。この頃、Sさんの個人記録やフロアノートには、以下のような内容が記録されていました。

○月○日
　Sさんは、今日も新人の女性職員に対して「手を握るくらいいいだろう。ちょっとはサービスしてくれよ」と追い回していました。困ったことです。また、最近、Sさんが入居者Mさんにつきまとって離れないので、MさんはSさんの顔をみると怯えるようになってきました。

Sさんの行動がエスカレートするにしたがって、特に「対象」となった入居者や職員のなかには、明らかにSさんに対するマイナスの感情が生まれており、指導的立場にある介護リーダーは、早急な対応策が必要であると判断し、カンファレンスを開催しました。

　カンファレンスで出された主な意見とそれに対する介護リーダーのスーパーバイズの内容は以下のとおりです。この資料は、Sさんが生活するフロア内での活用はもちろんのこと、その後の観察記録等を含めて、施設全体の職員を対象にした「認知症高齢者の研修」の資料としても活用しました。

	職員からの意見	介護リーダーのスーパーバイズ
A	身体に触れられる女性職員や入居者は決まっているのではないか。その人（女性職員や入居者）の言葉や態度にスキがあるのかもしれないので、その人自身の言葉や態度を改める必要があると思う。	対象となる女性が特定されているならば、それを「個人的な対応の問題」としてとらえるのではなく、「なぜか」とその要因を考察することが重要である。行動や言葉などを注意深く観察することにより、共通項（タイプ、場所、時間など）が見出せるのであれば、要因や理由の推察を容易にすることができ、「より効果的なアプローチ」につなげることが可能となる。
B	このままでは、女性職員も入居者も大きな負担である。そのような行動をしている現場を見つけたら、本人にも恥ずかしいことだとわからせるために、他者のいる前で、厳重に注意するべきである。	対象となる人に、負担になっていることは明らかで、何とかしなければならない。ただし、Sさんに対するこのようなアプローチは、避けなければならない。認知症により、自分の行動に対する自覚が乏しくなっていることはあるが、感情機能は保たれていることが多い。声高な叱責や注意は本人のプライドを傷つけ、その後の関係性や支援にも悪影響を与えかねないので注意を要する。
C	認知症なのだから、行動を止めることは難しいので、「行動を抑制する	薬物の使用を選択肢として考慮する場合もあるが、意識レベルやADL

	薬」の使用を考えてもよいのではないか。	の低下など、心身に与える影響も大きく、権利擁護の観点からも「行動の抑制」を目的とした薬物使用は避けたい。いずれにしても専門医（精神科医）と連携しながら行う必要がある。
D	家族（長女）に現状を話して、そのようなことをしないよう注意してもらってはどうか。	家族に現状を説明しておくことは必要であり、協力してもらうことも必要な場合がある。しかし、このような行動に対して家族が嫌悪感や羞恥心、施設への負い目などを感じてしまうことがあるので、慎重に情報提供することが大切である。また、家族に話すときにはできるだけ客観的に、心理的負担を与えないような配慮が必要である。
E	相手の女性が嫌がっているのならともかく、許容範囲で特に嫌がっていないようなら静観していてもよいのではないか。	対象となっている女性の人権や尊厳を守るための対応は優先的に取り組まなければならない。 記録には、職員が困っている様子や入居者が怯えている様子が書かれている。たとえ嫌がる態度がみられないとしても、その背景には、対象者が意思表示できない場合や、Sさんに対する遠慮から明らかな拒否を示すことができないこともある。静観することで、Sさんが「容認された」と思い込み、行動を助長することもあるので、注意が必要である。
F	厳しく注意したり規制するのではなく、そのエネルギーをほかに向けるような対応を考えるべきである。	「性にかかわる行動」は、生命力の一つの現れとして肯定的にとらえ、そのバイタリティやエネルギーをほかの事柄に転換するという対応は効果的である。Sさんの興味や関心のある事柄を活用した多様なアプローチを検討する必要がある。

　カンファレンスの結果、Sさんの行動やそれに伴うほかの入居者、職員とのかかわり方を注意深く観察し、洞察したことを記録に残し、再度

検討することになりました。その結果、いくつかの「傾向」といえるものが浮かび上がり、それに対する新たなアプローチを考えることができました。

① Sさんが「対象」とする女性は、丸顔で小柄、どちらかといえばふくよかで、もの静かなタイプである。

▶アプローチ：対象となりやすいタイプの入居者は、できる限り自然に、近づけないように配慮する（食事、クラブ活動、行事などの座席）。また、二人きりになったり、ほかの人の目に入らない場所にいることがないように留意する。

② 職員が手を握られたときに「止めてください」といっても効果がなかったが、「私には夫がいますから」と言ったところ「なんだ、亭主持ちか…」と手を放し、立ち去っていったことがある。

▶アプローチ：「私には夫（亭主、旦那など）がいますから止めてください」と具体的な言葉を使う。

③ 身体の大きな男性職員や年配の男性がそばにいるときには、女性に対する行動がほとんどみられない。

▶アプローチ：男性職員に協力を求め、Sさんに「ここの"お客さん"や職員には迷惑をかけないでくださいね」と話してもらう。

④ 興味や関心、エネルギーをほかに向けるための日中活動のメニューを検討したところ囲碁やカラオケが好きなことがわかった。また、ホームバーでは、いつも開店と同時に席に座り、采配を振るっているが、女性に触れるなどの行動はみられない。

▶アプローチ：囲碁のできる人（通所介護の送迎運転手：委託職員）に協力を依頼し、囲碁の相手になってもらうようにした。また、月2回行われているホームバーの"マスター"としての役割をお願いしたところ、いきいきと"マスター"役を担い、ボランティアに指示を出すなど場を仕切り、盛り上げるようになった。

認知症高齢者の場合、「脳の器質的要因」「素質上の要因」「心理・環境的要因」などが複合的に重なり合い、さまざまな症状があらわれるため、支援を展開していく場合には、表面的な現象や思い込みにとらわれず、常に客観的で多面的な視点でアセスメントを行う必要があります。このような観点からも、カンファレンスを多職種で行う意義があります。

　この事例のＳさんは、「スナック経営」という、常に女性に囲まれた華やかな世界で生活してきた経歴をもっています。そんなＳさんの生活歴を考えた場合、女性に関心を抱き続けることは、Ｓさんにとって極めて"当たり前"のことだったのかもしれません。しかも、「認知症」のために社会の規範を守り、自らの行動を抑制することが困難な状況になっているＳさんにとっては、「周辺症状」をいかになくしていくかという視点ではなく、Ｓさん自身がエネルギーを注ぎ、主役になれる環境を、いかにつくっていくのかというアプローチが必要です。

③ 記録から職員の「つまずき」を把握する

　「事例９－１」で紹介したように、記録から個々の職員が利用者を「どのようにみているのか」を把握し、職員の教育に活かしていくことができますが、別の見方をすると、記録から職員への支援の必要性に気づき、支持的にかかわることにより、スーパーバイズに活かすことができます。

チームで職員を支援する

　特養に勤める介護職Ｔの記録に、「トイレへお誘いしたが断られた」という記述が１日に数回、それも数日間続いてあったとします。もちろん、このような記述からは、なぜ入居者がトイレへの誘導を断ったのか、声をかけるタイミングは適切だったか、断られた結果どのように対応したのかなど、いくつもの検討課題が見えてきますが、一方で、「トイレへ誘ったが断られた」という事実が繰り返し記述される背景には、介護職Ｔが「トイレにお誘いすること」自体をとても負担に思っている可能性が考えられます。

　このような場合、介護リーダーは、介護職Ｔに、トイレに誘導することをどのように感じているか、「とても困難なこと」と感じ、負担に思っていないかどう

かをたずねてみるとよいでしょう。また、その入居者についてもう一度、一緒にアセスメントを行い、さらに、より適切な誘導方法についてほかの職員を交えてカンファレンスを行い、チームで介護職Tを支援していくことが大切です。一人で頑張るのではなく、チームで協力し、話し合っていくことで精神的な負担が軽減するように支援していきます。

知識や技術を補うかかわり

　事故報告書をまとめて読み直してみたところ、介護職Kの記録がほかの職員に比べてとても多かったとします。このような場合は、事故報告書そのものの内容や書き方について確認するとともに、なぜ、介護職Kが繰り返し事故を起こしているのか、または事故現場に居合わせることが多いのかを検討する必要があります。

　理由としては、介護職Kの知識や技術がほかの職員よりも不足している可能性が考えられます。または、介護職Kの勤務する時間帯において、職員の配置などに偏りがあり、極端な負荷がかかっているのかもしれません。いずれにしても、介護職Kは、このままの状態で勤務し続けることは難しくなることが予想されます。

　このような場合は、周りの職員とともに、介護職Kの普段の介護の状況について確認することが有効です。入浴介護、排泄介護、食事介護、移乗介護など事故が発生しやすい場面にポイントをおいて、介護が適切に行われているかどうかを把握していきます。具体的に介護職Kの知識や技術の不足が確認できた場合は、それを補うための研修を行うことが大切です。反対に、知識や技術が十分身についていることがわかれば、職員配置など運営上の課題がないかどうか検討し、速やかに体制を整える必要があります。

配置転換を検討する

　一つのユニットのなかで、介護職Yの記録にだけ、特定の入居者について「嫌がられてしまった」「断られてしまった」といった記述が繰り返しみられることがあります。この記録からは、入居者も介護職Yも日々、大きなストレスを感じていることが予想されます。

このような場合は、同じユニットのほかの職員の記録を確認し、同じように嫌がられたり、断られたりしているのか、それとも介護職Yだけがこのような状況にあるのかを確認します。介護職Yだけが、嫌がられたり、断られたりしている場合は、ほかの職員との能力的な違い、かかわり方の違い、タイミングの違いなどを検討し、できるだけ一貫性のある介護が提供できるように支援していく必要があります。しかし、それでも事態が改善しない場合や、知識や技術、かかわり方に違いがない場合は、入居者と介護職Yの相性が合わない可能性も考えられます。配置を変更するなど、組織的な対応を含め、入居者、介護職Yの双方にとってよい環境を検討する必要があります。

目標の理解のズレを軌道修正する

　ある入居者の施設サービス計画に、「以前のようにおしゃれをして街にでかけたい」という長期目標があり、おむつをはずして、お気に入りの洋服を着ることが短期目標の一つに掲げられていたとします。この入居者に関する介護職Hの記録をみると、「おむつをはずすためには、トイレで排泄できるようになる必要がある」と考え、1時間おきに「トイレに行きましょう」「トイレに行きませんか」と声をかけていることに気づきました。

　介護職Hに話を聞くと、当然のことですが、入居者から「なぜ、わたしをこんなにトイレに行かせたがるのですか」と怒られたことがあるといいます。ある時は、しぶしぶ行ってくれた場面もあったといいます。それでも介護職Hは、「目標に掲げているのだから一緒に頑張らなくてはいけない」と思い込んでいました。

　たしかに、入居者の目標を意識し、達成に向けてかかわることは重要です。しかし、この事例のように、目標の理解が適切でないために、入居者が「介護職Hの目標達成」に力を貸しているという状況では意味がありません。

　このような場合、施設サービス計画の目標が職員にとって、「おむつをはずさなければならない」という義務感にすり替わり、入居者の意思を尊重することを忘れてしまっている可能性が考えられます。何のためにおむつをはずす支援を行っているのか、自分のかかわり方が入居者にどのような思いをさせているのかをもう一度、振り返ることができるよう支援する必要があります。

このように、日常の記録を活用したカンファレンスやスーパービジョンを行うことは現行体制のなかでも十分に可能であり、それこそが職員を支持し、教育し、的確に管理する介護リーダーの役割であるといえるでしょう。

●引用文献
1）本間郁子・高橋好美・飯村史恵『ケアの質を高める「記録」ワークブック』2007年、『福祉の現場で使える！職員教育ハンドブック』2008年、いずれもNPO法人　Uビジョン研究所発行
2）介護労働安定センター「平成19年度　介護労働実態調査」

索引

あ
嘔吐の記録……………………………60
おむつ交換の記録 ……………………124
おやつの記録…………………………58
音楽活動の記録 ………………………78
音楽療法の記録 ………………………123

か
介護記録……………23、30、100、114
介護計画………………………23、31
介護サービス事業所数 ………………8
介護サービス情報の公表……………10
介護福祉士……………………………12
介護保険制度………………8、9、11
介護保険法 ………………9、10、22
介護療養型医療施設…………………11
介護老人福祉施設……………………11
介護老人保健施設……………………11
監査……………………………………10
カンファレンス………………18、31
議事録…………………………………111
共通言語………………………………37
業務主体の記録………………………27
居宅サービス計画 ………30、31、114
記録の一元化………………………26、28
記録の開示……………………………44
記録の標準化…………………………29
記録の目的……………………………37
記録へのアクセス……………21、44
苦情の記録……………………………18
クラブ活動の記録 ………………75、121
敬語……………………………40、46
謙譲語…………………………………46
個人情報の保護………………………19
個人情報の保護に関する法律（個人情報保護法）………………………19、43
個人ファイルアクセス法……………21

5Ｗ1Ｈ………………………………39
個別ケア…………………………22、23
コンプライアンス ……………………9

さ
サービス担当者会議……………18、31
支援のプロセス…………………30、31
事故………………………………16、46
事故の記録……………37、91、93、95
事故報告書 ……………………………149
施設サービス計画（施設ケアプラン）
…23、30、31、32、34、100、101、114、
115、116、117、119、120、122
社会福祉法……………………………10
情報開示………………10、18、20、44
情報公開………………………10、44
情報提供………………………………19
情報の共有……………………24、100
職員教育…………………………142、143
職員への連絡の記録 …………………106
食事の記録……………………………54
職種別援助計画…………………23、30、31
叙述体……………………………39、45
スーパービジョン ……………………143
説明体……………………………39、45
専門用語…………………………26、33
総合的な支援目標 ……………………115
足浴……………………………………67
尊敬語…………………………………46

た
ターミナル期の記録
…………81、83、85、88、90、109、125
第三者評価……………………………10
体調急変の記録………………………59
チームアプローチ………………24、25
定型句……………………………38、42

丁寧語……………………………………46	
トイレ誘導の記録……………………72	
特別養護老人ホーム…………………11	

な

2015年の高齢者介護……………………12
日勤の記録……………………103、108
日中の様子の記録…………………74、77
入居時の記録…………………………50、52
入浴の記録………………………62、64、66

は

排泄の記録………………………68、70、71
ヒヤリハット……………………………46
プライバシー…………………………43、44

ま

ムンテラ…………………………………88
妄想の記録………………………………48
モニタリング……………………………30
問題行動…………………………………141

や

夜間巡回の記録…………………………80
夜間の様子の記録………………………79
夕食の記録………………………………56
要約体……………………………39、45

ら

リスクマネジメント ……16、103、128、136
略語…………………………26、33、37
利用者主体の記録………………………27
老人福祉法………………………………10

● 編集元紹介

NPO法人　Uビジョン研究所

「市民が安心して選ぶことができる施設の認証」「市民が求めるサービスの質の確保の保証」を目的として、2006（平成18）年に設立されたNPO法人。現在、その理念を実現するために、施設評価、スーパービジョン、ユニット開設運営支援、各種セミナーの開催、調査・研究等、多様な事業を展開している。

＜事務局＞

〒150-0002　東京都渋谷区渋谷1-3-18　ビラ・モデルナA-405
TEL 03-6904-4611／FAX 03-3407-6055
E-mail　u-vision@diary.ocn.ne.jp
URL　　http://www.u-vision.org/

● 執筆者一覧

本間郁子（ほんま・いくこ）：NPO法人　Uビジョン研究所理事長・NPO法人 特養ホームを良くする市民の会理事長
高橋好美（たかはし・よしみ）：特別養護老人ホームレジデンシャル常盤台施設長・元NPO法人　Uビジョン研究所特別研究員
飯村史恵（いいむら・ふみえ）：立教大学コミュニティ福祉学部准教授・元NPO法人　Uビジョン研究所事務局長

介護記録の書き方・読み方・活かし方
──記録をケアの質につなげるために

2009年6月20日 初版発行
2019年6月5日 初版第10刷発行

編　集	NPO法人　Uビジョン研究所
著　者	本間郁子＋高橋好美＋飯村史恵
発行者	荘村明彦
発行所	中央法規出版株式会社
	〒110-0016 東京都台東区台東3-29-1 中央法規ビル
	営　業　TEL 03-3834-5817　FAX 03-3837-8037
	書店窓口　TEL 03-3834-5815　FAX 03-3837-8035
	編　集　TEL 03-3834-5812　FAX 03-3837-8032
	https://www.chuohoki.co.jp/
印刷・製本	サンメッセ株式会社
装幀・本文デザイン	株式会社ジャパンマテリアル／田崎羽津美
本文イラスト	エダりつこ

ISBN978-4-8058-3171-7

定価はカバーに表示しています。

本書のコピー、スキャン、デジタル化等の無断複製は、著作権法上での例外を除き禁じられています。また、本書を代行業者等の第三者に依頼してコピー、スキャン、デジタル化することは、たとえ個人や家庭内での利用であっても著作権法違反です。

落丁本・乱丁本はお取り替えいたします。